ベートーヴェン、21世紀のウィーンを歩く。

曽我大介

集英社

ベートーヴェン、21世紀のウィーンを歩く。

――目次――

＊この物語は、フィクションであり、実在の人物・団体・事件等とは、一切関係ありません。

《 登場人物 》

ルートヴィッヒ・ヴァン・ベートーヴェン

トーマス・ニーダーマイヤー
（ウィーン市立博物館学芸員・ベートーヴェンマニア）

サラ・シュタイナー
（「プレッセ紙」記者・ピアニストを目指していた）

オットー・ミューラー博士
（ウィーン市立博物館音楽部長・トーマスの上司）

ダイスケ
（ウィーンでの生活が長い日本人の指揮者・トーマスの友人）

アレクサンダー・シュヴァルツ
（医学博士・サラの婚約者）

プロローグ

182x年、ウィーン。草木も眠る丑三つ時。

とある男がぶつぶつ言いながら、5階の自分のアパートへと、千鳥足で階段を登っている。

「うーん。よく飲んだ。シンドラー[*1]のヤツ、お袋の故郷のモーゼルワインをわざわざ用意するとは？　なんにも役に立たないヤツと思っていたが、少しは使えるようになってきたではないか？」

「今夜のメシもうまかった。あの魚はとびきり新鮮だったのう。ワシらを見て、周りの客達も讃えてくれたなあ。うーん気分がいいぞ」

「考えてみればこの地、ウィーンに住んで25年になるが、ウィーンという街は本当に居心地がいい。メシはうまい、人々は人なつこい、帝都らしくなんでも手に入る。少々高いがな。まあ空気は悪いが、夏にはどうせすぐ森の方へ引っ越せる」

「フランス軍[*2]が攻めて来たときは大変だったが、もう来ないだろう。皇帝陛下万歳。帝都ウィーン万歳だ」

「それにしてもこのアパート、見晴らしは良くてワシの住んだアパート[*3]の中でもお気に入りなのだが、酔っぱらって帰るには階段の段数が多いな。

おお、やっと入り口についた。明日はルドルフ大公[*4]のレッスンだ。最近めきめきピアノが上手になっておる。さっさと寝るとするか……」

1　ベートーヴェン、21世紀に現る！

ウィーンに朝が来た。部屋が少しずつ明るくなる。東側に窓のないこの部屋の朝の訪れは遅い。

男は以前、アパートの東側に穴を開けて窓をつけようと大工を呼んで、大家と大喧嘩をした。

「なんだ？　頬が冷たい……。ワシは床に寝ておるのか？　そうか。散々昨日はシンドラーやオーケストラの連中と飲んだくれたんだったわい。そのまま床で寝てしまうとは？」

男は薄目を開ける。

「外はもう明るい。なんだ？　ここは？　確かにワシの部屋のはず？　しかしベッドもない、壁中になにか絵のようなものがかかっている？」

男は頭を振り、酔いをさますような仕草をして起き上がる。

ベートーヴェン記念館（パスクワラティ・ハウス）内部

「おお！　これはワシの胸像ではないか！　確かピアノ作りのシュトライヒャー[*5]が注文したヤツだ。これの型をとるためにワシの顔は石膏で固められたんじゃった。あのときどれだけくしゃみを我慢したことか！　しかし、シュトライヒャーの店にあるはずのものがなぜここに？　そういえばワシの書きかけの楽譜はどこだ？」

男はあわてて次の部屋に駆け込んでみる。

「おお！　ワシのピアノらしきものはあるぞ？　だがない、ない！　楽譜の束がない！　さてはシンドラーが勝手に持っていったのか？　そういえば台所もないぞ？　ワシの服は？　泥棒が入ったのか？」

そのとき、ガチャガチャと扉が開く音がする……。

「おや？　新しい家政婦がもうやってきたのか？」

扉から入ってきたのは一人の青年。ベートーヴェンの姿を見て驚いて立ちすくむ。やっとのことで口を開いて……、

「あなたは誰ですか！！　一体どうやってここに入ったんですか？　ここは恐れ多くも楽聖、ルートヴィッヒ・ヴァン・ベートーヴェン先生の博物館ですよ！」

男が答える。

「お前こそ何者だ。奇妙な服を着たヤツめ。ワシのアパートの鍵をなぜ持っておる？　それになぜワシの名を知っておる？」

「私は、ウィーン市立博物館学芸員のトーマスです。あなたこそ、そんな汚い身なりをして、一体なんなんですか？」

「お前はたった今、ワシの名を言ったばかりではないか。ワシはルートヴィッヒ・ヴァン・ベートーヴェンだ！」

「（こいつは気が狂ったヤツか？）うそだ！　本物のベートーヴェン先生なら耳が聞こえないはずだ！」

「お主、なぜそれを？　おお！　神様。本当だ。ワシは耳が聞こえるようになったのか？　昨日シンドラーが持ってきたあの怪しいクスリが効いたのか？」

「だって本物のベートーヴェン先生なら、あなたが大体30歳の頃から耳が遠くなり始めて、ざわざわという音が聞こえ始めたはずですよね。それをお友達に手紙に書いたでしょ」

「なぜそれを知っておる。確かにアメンダ[*6]とヴェーゲラー[*7]にはその頃に手紙を書いた」

「私は楽聖ベートーヴェン先生のことならなんでも知っていますよ。私は市立博物館のベートーヴェン担当の学芸員なのです」

「ここはワシのアパートだ、なんだその博物館とは？」

「ウィーン市がベートーヴェン先生の住んだ家を買い取って博物館にしているんですよ。ほら、色々なところにベートーヴェン先生の記念品があるでしょ？」

「これは……ワシの筆跡ではないか……いや違う、誰かが真似して写したに違いない。お主、ワシの楽譜をどこへやった？　盗んだのであろう？　ワシの作品は少なくとも200～300フローリンでは売れるからな」

トーマスは奇妙な出来事に、どう男に問いかけたものか戸惑いの表情を浮かべる。やっと重い口を開いて、

「あなた、本当に自分がベートーヴェン先生だと思っているのですか？」

「ワシは正真正銘のベートーヴェンじゃ！」

「じゃあその証拠を見せてください」

男は得意げな笑みをうかべる。

「お主、ピアノは弾けるか？」

「はい、少しなら」

「なにかメロディを弾いてみよ」

トーマス、『エリーゼのために』を弾いてみせる。

「その曲は、ワシがあのテレーゼ[*8]のために書いたもの……秘密裏にしておいたのに、なぜお主はこの曲を知っておる？　まあよい。ちょっとピアノを弾かせてもらおう」

　このあとの20分間は、トーマスにとって信じられぬ驚愕の時間であった。目の前にいる男は『エリーゼのために』をもとにして、即興演奏を続ける。それはトーマスが知る、どのベートーヴェンの作品とも違う、しかし明らかにベートーヴェンの作品と同じスタイルのものがその場で目の前にいる男から生み出されていた。男は20分間の素晴らしい演奏を立派なフーガで締めくくった。


「あなたは本当に、ベートーヴェン……センセイ？」

　トーマスは呆然としてつぶやいた。

「だから言っておるだろう？　ワシがベートーヴェンだと……いかん！　ルドルフ大公に稽古をつける日だ！　早く身支度を！」

「ちょっと待ってください！　どういうわけかわかりませんが、とにかくここは21世紀のウィーンなのです。もうハプスブルグ家はとっくに皇帝の座から降り、オーストリアは共和国なのです。そしてここはあなたの家かもしれませんが、今は博物館になっているのです。あなたは、２００年も未来に来てしまっているのですよ！」

ベートーヴェン、トーマスの顔を眺めて、きょとんとしている。

照明のスイッチを入れるトーマス。

「やや！　なんだこの光は。蝋燭でもない。なにを仕込んであるのだ？　トーマスとやら。この仕掛けにはびっくりした。お主はどのような技を使ったのだ？

お主の奇術はさておき、とにかく出かけねば。天気はどうだ？　窓からカー[*9]レンベルクを見れば今日の天気がわかる」

ベートーヴェン、窓際まで走って、ウィーン大学を見て、呆然として座り込む。

「いつのまにあんなに沢山の建物が立ったのじゃ……」

「ベートーヴェン先生。あなたの時代からウィーンは大きく変わったのです。でも、先生の時代の建物も沢山残っていますよ」

パスクワラティ・ハウス（ベートーヴェン記念館）から見えるウィーン大学

＊1　シンドラー Anton Felix Schindler（1795〜1864）　ベートーヴェンの身の回りの世話をした「自称秘書」。ベートーヴェンの没後、ベートーヴェンの伝記を著しますが、その内容には捏造が多く、信憑性に欠けていました。とはいえ、出版当時はベートーヴェンの真の姿を伝えるものとして、多くの人に影響を与えました。

＊2　ナポレオン率いるフランス軍は、1805年と1809年にウィーンに侵攻、占領しました。その結果、ハプスブルグ家はフランツⅠ世の娘マリア・ルイーザをナポレオンの妻として差し出すこととなりました。ベートーヴェンが生涯唯一完成させたオペラ『フィデリオ』は、フランス軍の第一次ウィーン侵攻とその初演が重なり、大失敗に終ったのです。

＊3　ベートーヴェンは生涯度々引っ越しをしました。記録が残っているだけでも80回以上も引っ越ししたらしいのです。その中でも一番のお気に入りが、この物語の最初の舞台「パスクワラティ・ハウス」。交響曲4、5、7番をはじめとする傑作の数々が、8年間過ごしたこのアパートで生み出されました。この本では物語の都合上、182X年と設定していますが、史実では1814年を最後にベートーヴェンはこのアパートに住んでいません。

＊4　ルドルフ大公 Rudolf Johannes Joseph Rainer, Erzherzog von Österreich（1788〜1831）　皇帝レオポルドⅡ世の末子。オロモウツ大司教および枢機卿。ベートーヴェンの大パトロンの一人であり、唯一の作曲の弟子。ベートーヴェンから数々の作品の献呈を受けています。

＊5　ヨハン・アンドレアス・シュトライヒャー Johann Andreas Streicher（1761〜1833）　ピアニスト、作曲家、ピアノ製作家。同じくピアノ製作家の妻ナンネッテと結婚し、ウィーンに工房を開く。夫妻とベートーヴェンの間に交わされた書簡が40通以上も残っており、仕事のみならず、私生活でもベートーヴェンの友人でした。

＊6　カール・アメンダ Karl Ferdinand Amenda（1771〜1836）　神学者。ウィーンでベートーヴェンと知り合い、生涯交流を続けました。ベートーヴェンの気のおけない友。

＊7　フランツ・ゲルハルト・ヴェーゲラー Franz Gerhard Wegeler（1765〜1848）　ベートーヴェンの幼馴染みで医師。

＊8　テレーゼ・フォン・ドロスディック男爵夫人 Baronin Therese von Droßdik（1792〜1851）　ベートーヴェンが想いを寄せたといわれる女性の一人。あの有名な『エリーゼのために』という曲は、失われた自筆譜のタイトルの文字が判読困難だったため、実は〝テレーゼのために〟書かれたという説もあります。

＊9　Kahlenberg　ウィーンの西部郊外に広がるウィーンの森にある丘。標高484メートル。

あるシュテファン大聖堂があります。旧市街地は、昔は城壁と堀に囲まれていました。その外側には敵が襲来したときに防衛の邪魔にならないようグラシと呼ばれる帯状の空地が設けられていました。1858年から1865年にかけて、皇帝の勅命でそれらを取り壊してできたのが、全長約4km、幅約57mの環状道路リングです。

ウィーンの旧市街は、ほぼ五角形をなすこの環状道路に取り囲まれているため、大変わかりやすく散策できます。また、その環状線に沿って国立歌劇場、美術史博物館、自然史博物館、国会議事堂、ウィーン市庁舎、ウィーン大学などといった建物が建設されたのです。

ベートーヴェンは生涯80回も引っ越しをしたのですが、気に入りのアパートの最上階からはウィーンの森が直接見えたはず。ところがベートーヴェンの死後、ウィーン大学をはじめ、周りには色々な建物がにょきにょきと建設されてしまったのです。

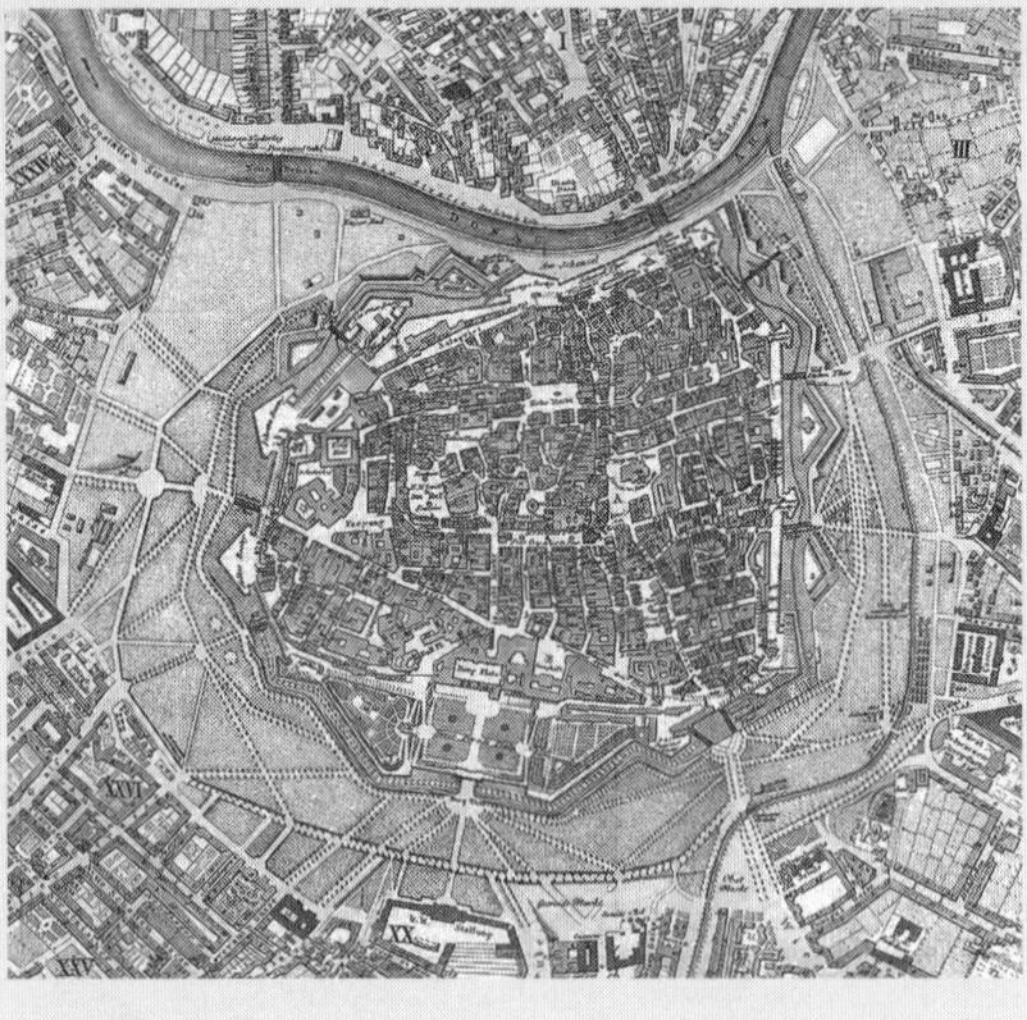

1824年のウィーンの地図。
広大な帯状の空き地があるのがわかる

コラム 1　ウィーンの地理　Column

ウィーンの街を散策するのに、まずは地理的な知識を少し頭に入れておきましょう。

地理

オーストリアは、ドイツ、チェコ、スロバキア、ハンガリー、スロヴェニア、イタリア、スイス、リヒテンシュタインの各国と国境を接しています。

ウィーンは、鮭の切り身の形をしたオーストリアの東端にあり、スロバキア、チェコ、ハンガリーの国境までそれぞれ70km程しかありません。

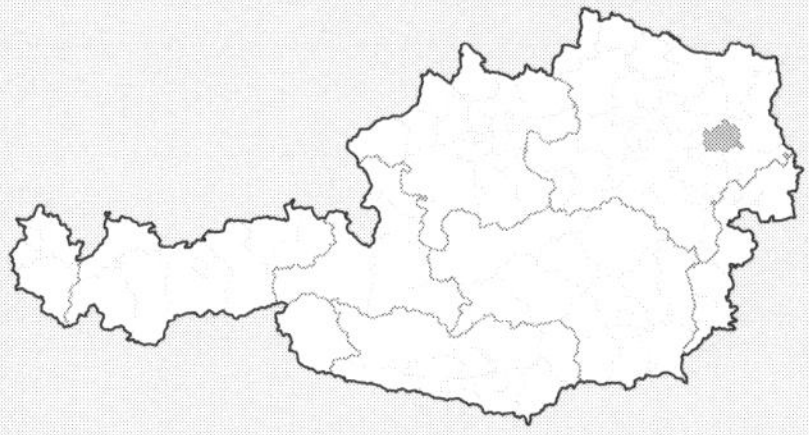

ウィーンは独立行政区で、その範囲はほぼ直径20kmの範囲。西側はウィーンの森と呼ばれるアルプスに続く丘陵地区で、北西から南東に向けドナウ河が走り、東側には平原が広がっています。

ウィーンのおへそ（1区）— 旧市街地

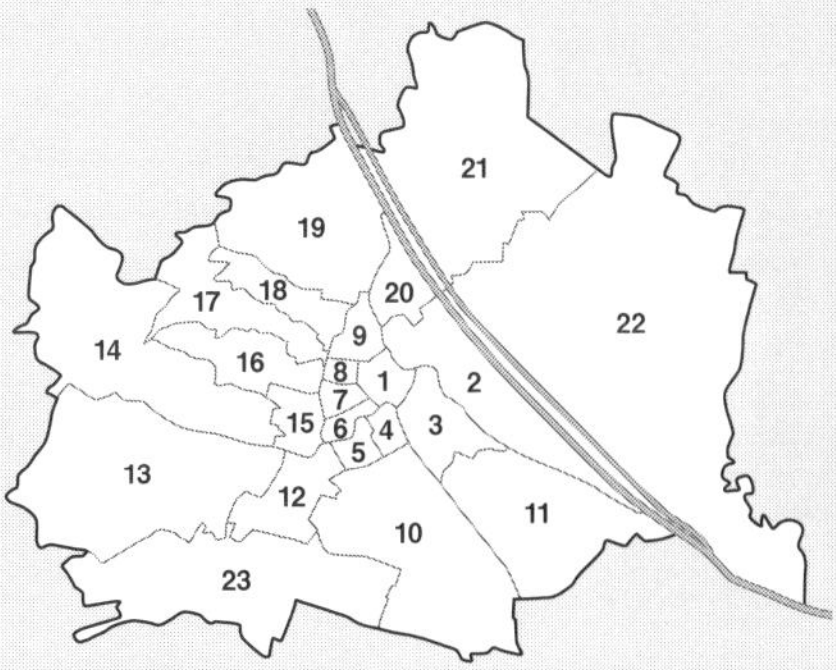

ウィーンは全部で23の行政区に分かれていて、それぞれの区に番号と昔からの地名を使った愛称がつけられています。そのど真ん中に位置するのはウィーン旧市街（1区）、そしてそのさらにど真ん中にはウィーンのランドマークで

2 ベートーヴェン、自分の作品の録音に驚く

ベートーヴェンは、トーマスから簡単に自分の死後の話を聞くが、とても信じられない様子。トーマスも目の前に本物のベートーヴェンがいるとはまださすがに信じられない。

「しかし、トーマスとやら、一体なぜワシのアパートをこんな風にしてしまったのだ。これでは身支度もできぬ」

「ベートーヴェン先生、それは先生を記念するためにです！　先生の遺品や資料を一所懸命に集めたんですよ。これは先生のお爺様の肖像画ですね！」[*1]

「確かにそうだ。ワシの祖父は立派なバス歌手だった。ボンの名士だったのだよ。ワシは祖父の名をもらったのだ！　これはなんだ？　ワシの譜面のようだが」

「先生、現代では画像を精巧に複製できるようになったんです。先生の譜面は宝物ですから、本物は陳列できないんです。だから写真を撮って、ここには展示し

てあるんですよ。

そうだ先生！　このヘッドフォンを被ってみてください……いいですか？」

トーマス、ベートーヴェンにヘッドフォンを被せる。

「やや！　これはワシの『悲愴ソナタ』ではないか！　一体誰が中に入って演奏をしているのだ！　さてはメルツェル[*2]のヤツがまた妙なものを作りだしたのだな？」

「先生、21世紀では簡単に色々なものが記録できるようになったんです。これは録音といって音を記録したもの、動画だって簡単に記録できるんです」

スマホを取り出すトーマス。

「これを見てください、先生。これは先生の交響曲の演奏ですよね？」

「なんだ！　これは！　絵が動くとは！」

ベートーヴェン、博物館のすべてのヘッドフォンを使って演奏を聴いたかと思えば、トーマスからスマホを取り上げ、黙ってさまざまな演奏に聴き入っている。ベートーヴェンが夢中になっているので、トーマスはとりあえず博物館に『臨時休館』の札を下げてから、パソコンに向かっている。

「トーマス……」

ベートーヴェンは、やっとトーマスに話し始める。

「ここは本当に未来なのだな?」

「ええ! そうなんです。先生の死後200年経って、テクノロジーのおかげで、先生の作品が全世界で自分の家に居ながら聴ける時代になったんですよ!」

パソコンオタクのトーマスが得意げに解説すると、ベートーヴェンは静かに答える。

「でもな、これは音楽ではないぞ。音楽というものは言葉で表せない感情を伝えるために生まれたものなのだ。この演奏、どれもこれも綺麗には弾いているかもしれないが、これは音楽ではなく、音だ。

音楽というのは伝える人を前にして初めて生まれる出来事、つまり叙事だ。そして人の前で演奏して、演奏家と聴くものそれぞれに、叙情という感情が生まれる。ワシは、生涯愛する一人の人を見つけようと必死に曲を書き、この感情を伝えようとした。いいか、音楽というのは、人から人へ手渡して、初めて意味を成すのだ」

ベートーヴェンはさらに続ける。

「いくらテクノロジーとやらが消えてしまうはずの音を記録することができたとしても、そのときその場に居合わせた人々に伝えるメッセージがなければ、それは単なるまがい物じゃ。奏でられる音楽は、人が千人いれば、千通りのものがあって、印刷した本や新聞のように同じものがそこら中に溢れているものでもない」

ベートーヴェン、楽譜のひとつを手に取る。

「この楽譜から、それぞれがそれぞれの音楽の神様《ミューズ》の響きを聴こうと演奏するのじゃ。そのためには、人は何時間も何日もかけて楽器の演奏を会得しようとする。だからワシの不肖の弟子、ルドルフ大公でさえ、必死にピアノを弾こうとしたのじゃ。それこそ我々人類が持つべき英知なのだ。いくら簡単に音が聞けるからといって、その裏にある人間の英知や感情や息遣いまでは汲み取れまい」

返す言葉のないトーマス。

「しかしワシは今、猛烈に感動している。２００年以上たった未来でもワシの音楽が世界中で愛されているとは。そしてワシがこのように大事にされ、博物館まで作られているとは！　正直、ワシは二人の弟を一人前にして、自分でも音楽家として生きることに必死じゃった。音楽にはなにひとつ手を抜かず、来る日も来る日も必死に書き続けた。病で床に伏し、何か月も起き上がれなかったこともあった。本当に苦しい日々じゃった。しかしこんなにワシの作品が愛される日々が未来にあるとは、そのときは思ってもみなかった」

　展示されている絵画を見ながら、ベートーヴェンはいたずらっ子のように笑ってウィンクする。

「それにしても、ワシのラブレターまで未来に残っているとは思わなかったがのう。このヨゼフィーネ[*3]、ホンモノはずっと可愛かったぞ」

ヨゼフィーネ・ブルンスヴィック

＊1　ルートヴィッヒ・ヴァン・ベートーヴェン（祖父）Ludwig van Beethoven（1712〜1773）　ベートーヴェンと同姓同名の祖父。ボンのクレメンス・アウグスト大司教にスカウトされ、ボンに移住。宮廷楽長まで務めました。

＊2　ヨハン・ネポムク・メルツェル Johann Nepomuk Mälzel（1772〜1838）　機械技師。メトロノームを商品化したことで有名。自動チェス指し装置など怪しい機械を開発しては、各所に売り込んでいました。ベートーヴェンには、自分が開発した自動音楽演奏装置「パン・ハルモニコン」のために作曲してもらうべく、接近したのです。

＊3　ヨゼフィーネ・ブルンスヴィック Josephine Brunsvik（1779〜1821）　ベートーヴェンが熱を上げた女性。ベートーヴェンのピアノの弟子。本人がベートーヴェンの愛に応えたかは定かではありません。

コラム 2 ｜ 音楽家の足跡を訪ねてみよう！ Column

ウィーンの音楽家記念館

ウィーンは、多くの音楽家がその足跡を残しています。

ウィーンには、7つの音楽家の記念博物館があり、貴重な資料も収められています。

ウィーンの史跡には、写真のように赤白二色のオーストリアの国旗がWの形に掲げられています。大抵の建物には銘板がはめられていて、その建物の歴史を知ることができます。銘板探しも、ウィーン観光の楽しみのひとつです。

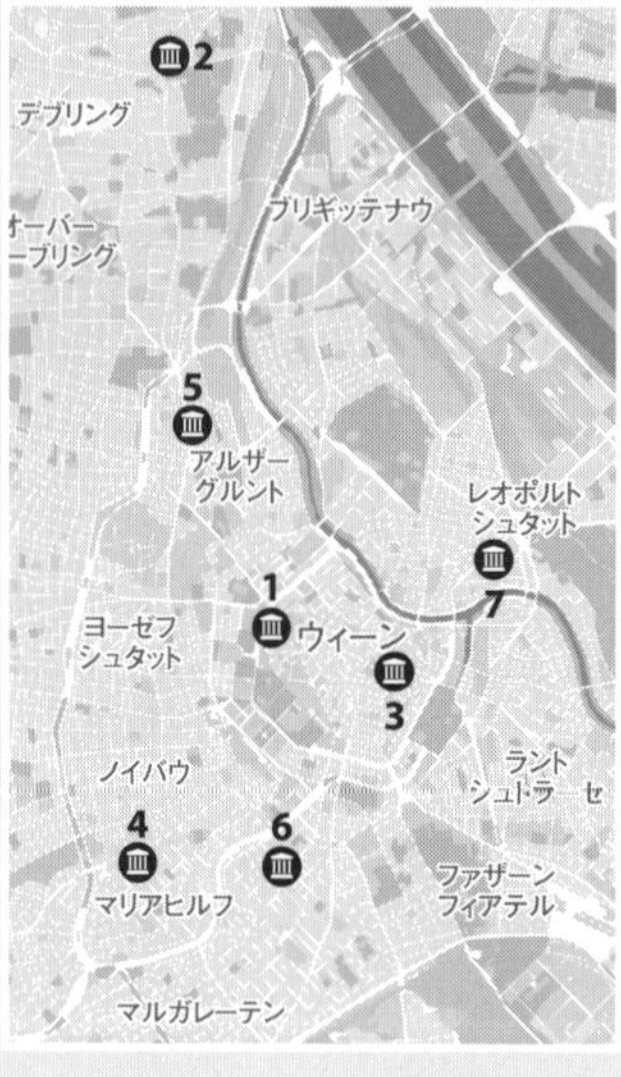

1. ベートーヴェン・パスクワラティ・ハウス（この物語の舞台）
   1010 Wien, Mölker Bastei 8
2. ベートーヴェン博物館（ハイリゲンシュタットの遺書の家）
   1190 Wien, Probusgasse 6
3. モーツァルトハウス（フィガロハウス）
   1010 Vienna, Domgasse 5
4. ハイドンの最期の家
   1060 Wien, Haydngasse 19
5. シューベルトの生家
   1090 Wien, Nußdorfer Straße 54
6. シューベルト最期の家
   1040 Wien, Kettenbrückengasse 6
7. ヨハン・シュトラウスⅡ世の家（『美しく青きドナウ』作曲）
   1020 Wien, Praterstraße 54

モーツァルトハウス

ウィーン市立博物館

ウィーンの銘板
(Gedenktafel)

筆者が作成したウィーン
音楽史跡Googleマップ

3　ベートーヴェン、路面電車に乗る

「ガーーーーッ、チンチン！」

一両の路面電車が、ベートーヴェンの背後から警鈴を鳴らして迫ってくる。

「先生、危ない！」

トーマスがベートーヴェンの腕を引く。

「ガーーーーーーーーーーッ」

ベートーヴェンのそばを走り抜ける路面電車。

「❋✧✷※△×〇〇❖※※‼（放送禁止用語）」

ベートーヴェンの罵り声が響く。

「あー驚いた！　トーマス、一体アレはなんなのじゃ！」

「先生、アレは路面電車《シュトラッセンバーン》ですよ。電気で動いているんです。

そうだ！　先生、アレに乗って新しくなったウィーンの街を見てみませんか？」

リングシュトラッセを走る路面電車

「なんだかわからないが、アレに乗れるのか！」

「そうです、21世紀には色々な乗り物があって、人間の移動が便利になっているんですよ」

「なかなか面白そうな乗り物じゃ」

「では、先生の乗車券買って来ます」

小走りに券売機へ向かうトーマス。

停留所に路面電車が入ってくる。ベートーヴェンはトーマスに教わったとおり、おっかなびっくり扉の横のボタンを押してみる。自動で蛇腹に開く扉にまた驚きつつ、おそるおそる乗車口の階段を登っていく。

見晴らしの良い席に腰かけると、開いた窓からは春の爽やかな風が舞い込んでくる。

ベートーヴェンは眩しい外の景色に少し目を細めながら、珍しそうに眺めている。

「先生、この路面電車の走っている場所は環状道路《リングシュトラッセ》といって、昔は城壁とグラシ[*1]のあった場所です。先生が亡くなってから色々な建物ができたんですよ。左手にブルク劇場、右は市庁舎。もう少しゆくと右手に国会議事堂《パーラメント》が見えます」

「雑多な建物じゃのう。作った人間の美的感覚はどうなっているのじゃ。それにしても大きな建物ばかり。あの、塔の上の男はなんじゃ？」

「なんでも市庁舎を作るときに教会から、100メートルを越える建物を建ててはいかんと言われたそうで、設計者のフォン・シュミットは、塔の高さを97・9メートルに抑えて、その上に3・4メートルの鉄でできた男《ラートハウスマン》の像を載せ、100メートル以上にして、教会の鼻を明かしたらしいですよ！」

「ガハハハ。なかなかウィーンらしい話じゃ」

「色々な様式の建物があるのは、この環状道路に沿って、色々な歴史の時代の様式に似せた建物を並べようとしたからだそうです。この国会議事堂はアテネの神殿の雰囲気で作られています。

この先にあるのは、美術史博物館と自然史博物館、王宮もずいぶん変わったでしょう？　先生のお知り合いのゲーテとシラーの像もありますよ。先生？」

「…………」

夢中でベートーヴェンに説明しているトーマスを差し置いて、ベートーヴェンは無言で外を眺めている。


「トーマス……」

ベートーヴェンがやっと口を開く。

「木々の若葉の緑は、ワシの生きていたときと同じだ。不思議なものよのう。人の一生は短く、すぐに風の前の塵のようになくなってしまうから、こうやって建物や銅像を建ててみたり、音楽を作ったり、未来に自分がいた証を残せるものに一所懸命になるのかもしれんのう……」


路面電車が、オペラ座の停留所に滑り込む。

「先生、一度電車を降りましょう！」

トーマスがベートーヴェンの上着の袖を引く。

「先生の時代だと、ちょうどここら辺は[*2]ケルンテン門《ケルントナートーア》があった場所です。そして、この建物はオペラ座です。

オペラ座は第二次世界大戦の爆撃で破壊されましたが、１９５５年に復活した際には、先生の『フィデリオ』を上演して開幕したんですよ。折角なので、地下鉄《Uバーン》にも乗りましょう」
「地下鉄《Uバーン》？　なんじゃそれは？」
「先生が、今立っていらっしゃる場所の地下にはトンネルが掘られているのです。そこを鉄道が通っているのですよ」

ベートーヴェン、初めて乗るエスカレーターにおっかなびっくり。降りるタイミングがわからず、つまずきそうになる。地下に広がる通路を見て、目をまん丸にしている。

「なんということじゃ。地下にまで商店がある」

オペラ座駅の地下鉄U1路線の線路は、地下深いところを走っている。駅のゲートの先、地中に

ゲーテ像

オペラ座（国立歌劇場）

吸い込まれてゆくようなエスカレーターに乗るベートーヴェンは、不安そうだ。
やがてプラットホームに着くと、遠くからゴォーッと地下鉄の音が響き、車両が押し出す空気で作られる一陣の風がプラットホームに吹き込んでくる。暗いトンネルが明るいライトで照らされたと思うと、地下鉄がホームに入ってきた。

「今度の地下鉄とやらは、さらに大きいのう！」
「さあ先生、ひと駅だけ乗ってみましょう」

地上に向けてエスカレーターに乗るベートーヴェン。少しだけエスカレーターにも慣れたようだ。地上の光が見えると、眩しいのか目を細めている。やがて地上に着くと、やっとほっとしたのか、大きく深呼吸をしている。ふと、背後の大きな建物に気付いて振り返った。

「おお！　シュテッフェル（シュテファン大聖堂の愛称）！」

ウィーンの地下鉄

「ワシの時代と変わらぬウィーンの証！
ワシはどこか異国の地に来たのではなく、本当にウィーンにおるのじゃな！」

ベートーヴェンの目の前を、一台の馬車が通り過ぎてゆく。

「トーマス！　なんだ！　馬車もあるではないか？　馬車があるなら、なぜ、電気とやらで動く、あんな鉄のお化けのようなものにワシを乗せたのだ！」

「先生、あれは観光客のためにあるのです。馬車で移動する方が、21世紀ではずっと高くつくのですよ。それに、先生も電車に乗って楽しんでいたじゃないですか！」

根はケチなベートーヴェン、首をすくめた。

シュテファン大聖堂前を走る辻馬車

「先生、未来の乗り物ついでにエレベーターにも乗ってみませんか？　シュテファン大聖堂の北塔は、エレベーターで昇れるのですよ」

「なに？　エレベーターとな？　また怪しい仕掛けのものか？」

シュテファン大聖堂の中へ入ると、左手奥にエレベーターがある。

八人くらいしか乗れない小さなエレベーターである。乗ってみると係りの人が運転している。ベートーヴェンは、いささか窮屈そうに静かにしている。

「ああ。息がつまるかと思ったわい。それにしてもおかしな感覚だったのう。おお！　シュテッフェルの屋根ではないか！　鐘もこんなに近くに見ることができる！」

「先生、良いお天気ですね……」

「屋根、また屋根。このウィーンにこれだけたくさんの建物が立つとは！　あの頃、ドナウ河の向こうなどなにもなかったのじゃ。おお！　カーレンベルクが見える」

ベートーヴェンは、上機嫌でウィーンの景色を眺めている。

ベートーヴェンとトーマスは、シュテファン大聖堂をあとにする。

「トーマス、このシュテファン大聖堂《シュテッフェル》の下にはなにがあるか、知っているか?」

「先生、地下墓所《カタコンベ》のことですか?」

「シュテッフェルの地下墓所は、ペストの犠牲になった名もない人たちの墓所なのだ。ペストで死んで街中で倒れている人々を、聖堂の横に穴を掘り、次々と投げ込んでいった。シュテッフェルは、人間の死をその胎内に受け入れて立っている。

人間がたくさんの建物を建て、この世の支配者のような顔をしていたって、疫病には勝てないのだ。ワシも兄弟や友人を次々と病で失った……」

「先生、それは21世紀だって同じです。つい先頃まで新型コロナウイルスのパンデミック

によって、世界中で大勢の人々が犠牲になりました……」

「シュテッフェルは、何百年もの間、人類の性《さが》を見続けている。喜びも悲しみもだ。

幸せの陽光が明るければ明るいほど、悲しみの影は暗い。シュテッフェルは人類の悲しみを優しく受け止めて、我々を見守っているのだ」

ベートーヴェンの言葉に呼応するように、シュテファン大聖堂の鐘《プンメリン》が鳴り響く。

＊1　城壁の周りの帯状の空き地。P18参照

＊2　城壁に設けられていた門のひとつ。オーストリアの南、ケルンテン地方に向かう扉なので、ケルントナーと名付けられていました。

シュテファン大聖堂前の屋上から北西方向を望む

◉ULF（ウルトラ・ロウ・フロア）

街中で、もっともよく目にする最新式のシーメンス社の車両。ほとんど段差のない低床車両が特徴。日本でも同じテクノロジーを使った低床車両を、広島電鉄が運行ししています。

ULF（ウルトラ・ロウ・フロア）

◉オールドタイマー

以前に使用され、今では通常運行には使われなくなった車両も特別仕様車として運行されています。写真はクリスマスシーズンに走るMannerというウエハースの会社のラッピング特別仕様車。

オールドタイマー

コラム 3　市電・バス・地下鉄・Sバーン（快速電車）

便利なウィーンの公共交通

Column

世界の住みやすい街ランキングには必ずウィーンが上位に顔を出します。その理由のひとつが公共交通の便利さにあります。

市電、バス、地下鉄、シュタットバーンの交通網が、市内くまなく張られており、どこへ行くにも便利です。切符は1回券（2.4ユーロ）を買えば、どんなに乗り継いでも、またどの交通機関を使っても、ウィーン市内であれば有効です。ただし、使い始めに切符の刻印機で使用開始時刻を打刻する必要があります。切符も滞在する旅行者や居住者の利便性に合わせ、1日券、24時間券、48時間券、72時間券、1週間券、1か月券、1年券などがあります。

また市内の博物館などの入場割引とセットになったヴィエナシティカードなどもあります。

オーストリア政府観光局

3つの路面電車

筆者が好きなのは、なんといっても路面電車。普段、急いでいないときにはよく利用します。よく見ると街中に色々なタイプの市電が走っています。

◉リングトラム

黄色い『リングトラム』は、30分に1回リングを周回する観光用路面電車。専用チケットかヴィエナシティカードが必要ですが、最初にウィーンの土地勘を摑むには良い電車です。

リングトラム

4　カフェでくつろぐベートーヴェン

「うまい！　こんなにうまいものは食べたことがない！」

ベートーヴェンの声が静かなカフェに響く。

奥に座って新聞を読んでいる常連客らしい紳士の眉が、ベートーヴェンの声にピクッと動いたが、やがて何事もなかったように、また視線を目の前の新聞に落としている。

現存するウィーン最古のカフェ、フラウエンフーバー[1]。未来の世界に興奮して疲れ切ったベートーヴェンを、トーマスが連れてきたのだ。

目の前にあるウィーン風アップルパイ《アプフェル・シュトゥルーデル》[2]を口にした、甘いもの好きのベートーヴェ

アプフェル・シュトゥルーデル

メランジェ（泡立てたミルクをのせたコーヒー）

ンは感激して思わず熱く語り出す。

「トーマス。ワシの時代には砂糖は貴重でな、こんなに砂糖がふんだんにかかったパイなど考えられなかった。しかもナポレオンが大陸封鎖令を出したおかげで、砂糖やコーヒーの値段は鰻登り。大変じゃった。

ワシの時代には、ここの2階はヤーン[*3]のレストランじゃった。ワシも若い頃、ここで演奏したしのう。このカフェは確かワシの時代にできたばかりでヘニッシュ[*4]という名前じゃった。なにか、ここにいるとワシの時代を思い出すのう」

パイのそばには泡立てたミルクがのったコーヒー《メランジェ》[*5]。

ベートーヴェンは、これにも嬉しそうにたっぷり砂糖を入れている。カップを鼻に近づけてコーヒーの香りを嗅いでから口にする。

「それにしても、泡立てたミルクをコーヒーにのせるとは。素晴らしい調和《ハルモニー》じゃ。ワシもコーヒーポットを作らせたり、毎回コーヒーの粒を数えてから淹れたり、作曲と同じくらいこだわったが、これほど見事なコーヒーは淹れられなかったわ」

「先生、ほとんどのウィーンのコーヒーは、今、圧力抽出《エスプレッソ》で淹れられているのです」

「ふふん。コーヒーもエスプレッソ。音楽もエスプレシーボ。力を込めればなんでも豊潤な香りが出るのだのう」

近くにある新聞に、思わず手が伸びる。

「ほほう。新聞にも例の写真とやらが載っている。しかも多色で印刷されているではないか。これは面白い。21世紀になっても人間はまだ争いをしているのか？　悲しいのう？　おお！　パレスチナ、日本、ブラジル、まだ見ぬ国のことまで載っておる。しかもこれは全部、つい昨日の出来事ではないか！」

「先生の時代からもう２００年以上が経つのに、人間には諍いが絶えません」

「ワシは、未来になればもっと人間が賢くなると思っていた。理想の世の中が来ると思っていた。しかし、力を握った人間は、民をいつも裏切ってきた。はじめはあんなに信じていたナポレオンでさえ、力をつけたと思ったら、裏切った」

「先生、残念ながら今でもその繰り返しです」

会話が途切れたカフェの中は、驚くほど静かだ。

もうひと口コーヒーを飲んだベートーヴェンの口が開く。

「思い描いていたものと、実際に来てみる未来では全く違うのう。人間はやっぱり楽観的な未来をどうしても想像したくなるのかもしれん。

しかし、この空間《カフェ》は時を止めたようじゃ。なにもかもが懐かしく感じる。ここにいるとワシの時代のウィーンの温かさを感じるようじゃ……。

そういえばトーマス。お主の話をちっとも聞いていなかった。年の頃はまだ20代に見えるが、お主には彼女はおらんのか？」

「先生、なんですか急に？　そんな話はまたゆっくりと改めてしますよ。それより先生のお話を伺いたいです」


老舗のカフェでとりとめのない会話が続く。

＊1　Café Frauenhuber　住所：Himmelpfortgasse 6, 1010 Wien
＊2　アプフェル・シュトゥルーデル　リンゴ、パン粉などでできたフィリング（具材）を、薄く伸ばしたパイ生地で包み、焼き上げたもの。
＊3　Ignaz Jahn（1744～1810）　マリアテレジアのお気に入りだったハンガリー出身の宮廷料理人。ウィーン郊外アウガルテンの店を皮切りに、市内にもレストランを構えました。
＊4　Café Hänisch　1824年創業。1891年にフラウエンフーバーに改名。
＊5　ウィーンを代表するカプチーノのようなコーヒー。メランジェはベートーヴェンの死後、1830年に初めて登場します。

カフェは「第2の我が家の居間」

ウィーンの街の文化を語るなら、カフェ抜きにそれを語ることができないでしょう。ウィーンっ子は必ず、「第2の我が家の居間」たる自分のお気に入りのカフェがあります。通い始めて3～4回目、席に座って注文しなくてもお気に入りのコーヒーが出てくるようになれば、あなたも立派な「馴染み客《シュタムガスト》」なのです。

1863年にトルコ軍がウィーンを包囲をした際、トルコ語が堪能な伝令コルシツキーが活躍。その褒美としてトルコ軍が残していったコーヒー豆でカフェ「青い瓶《ブラウエン・フラッシェ》」を開業したという伝説が残っていますが、実際には、アルメニア人のスパイ、ヨハネス・デオダート(Johaness Deodato)によって1685年に最初のカフェが作られたのだそうです。

ウィーンにはウィンナコーヒーはない？

広島に広島焼きがなく、ナポリにナポリタンがないがごとく、ウィーンにいわゆる「ウィンナコーヒー」はありません。あの生クリームがのったコーヒーは、「ウィンナコーヒー」とフランスで命名されたようです。ただ、カフェハウスに行けば、さまざまなアレンジコーヒーを楽しめます。

＊「**シュヴァルツ Schwartz**（**ブラック**）」。エスプレッソマシンで抽出したのが、このブラックコーヒー。これにミルクが付くと「**ブラウナー Brauner**（**茶色**）」。「**フェルレンゲルター Verlängerter**」は、コーヒー豆の量は変えずに長出しにしてもらったコーヒーです。

＊本文中にも出てくるのが「**メランジェ Mélange**」。エ

スプレッソを大きめのカップに注ぎ、ハーフスチームミルクを入れて、その上に泡立てたミルクをのせます。

＊「**フランツィスカーナー Franziskaner**（**またはアインシュペンナー Einspänner**）」。メランジェと似ていますが、ミルクの泡の代わりにホイップクリームが使われています。いわゆる「**ウィンナコーヒー**」です。冬場寒いウィーンでは、リキュール入りコーヒーもよく飲まれます。

＊「**マリア・テレジア Maria Theresia**」。ダブルエスプレッソをベースに、オレンジリキュールでオレンジの香りをつけています。その上にホイップクリームをのせ、オレンジの皮を散らします。他にチェリーブランデーを添える「**モーツァルト Mozart**」、ラム酒を添える「**フィアカー Fiaker**（辻馬車）」など。

＊「**アイス・カフェ Eiskaffee**」は、日本のアイスコーヒーのことではなく、いわゆるコーヒーフロートのこと。エスプレッソに冷たい牛乳を注いで、バニラアイスをのせて作ります。

アルプスの名水を

ウィーンのコーヒーには水がついて出てきます。これは上水道から汲んだもの。ウィーンの上水はアルプスの湧き水を、ふたつの上水道を使ってポンプなどは使わずにウィーンまで引き込んでいます。ウィーンの上水は世界でも屈指の水質の高さです。

新聞からWiFiへ

カフェには新聞がつきものでした。昔は新聞の発行部数が少なかったことから、カフェで新聞を読む習慣ができたのでしょう。公のニュースには乗らない噂話もカフェで囁かれたものでした。

また、新聞を片手で読むための木製の新聞ホルダーもよく見かけます。

そんなカフェも時代の流れには逆らえず、高速WiFiを売りにする店も多くなっています。

愛すべきスイーツたち

ウィーンのスイーツは宮廷を中心に発達してきました。産業革命後に大量生産が可能になるまで、砂糖は高価なものだったため、砂糖を使った菓子は、権力の象徴でもあったのです。「ゲルストナー Gerstner」や「デーメル Demel」のように、いまだ「帝室御用達」を掲げた名店も残っています。

どっしりと甘いウィーンのスイーツ。それを冬の寒さのせいからか、長く住んでいるとペロリと食べられてしまうようになる。これが恐ろしいのです。

その代表格は。さまざまな種類の「**トルテ Torte**」。トルテは円形のケーキを切り分けたものを指します。

チョコレートでできた重たいケーキ「**ザッハトルテ Sachertorte**」は有名ですね。その他にも本文中に登場する「**アプフェル・シュトゥルーデル Apfelstrudel**（ウィーン風アップルパイ）」、「**カイザー・シュマーレン Kaiserschmarren**（皇帝フランツ・ヨーゼフI世が好んだという小さくカットされたレーズンなどが入ったパンケーキ）」なども有名です。

カフェで朝食を

お腹が空いたら、カフェで食事をすることもおすすめ。なかなか立派なメニューがあります。

筆者は、カフェで朝食をとるのも大好き。写真は日本にも支店があるカフェ・ラントマンの豪華な朝食です。

ウィーン市観光局

5

ベートーヴェン、馴染みのホイリゲへ

ウィーンの郊外、ハイリゲンシュタット。

プローブスガッセにあるウィーン市立博物館のひとつが、ベートーヴェンが1802年に実際に住んだことで有名な「ハイリゲンシュタットの遺書」を書いた家である。ここは、2020年のベートーヴェン生誕250周年を期に大改装され「ベートーヴェン博物館」と改名、新装オープンを果たした。

従来の展示とは趣向を変え、来訪者が色々な体験をすることに主眼が置かれている。悪い言い方をすれば「おもちゃ」が増えた。

博物館の扉が開いたかと思うと、ベートーヴェンとトーマスが話しながら出てくる。ベートーヴェンはいささか憤慨しているようである。

「ワシのことを記念してくれるのはよい、でもこの博物館はやり過ぎではないか？」

「先生、私たち現代の人間は先生の時代がわからないので、色々な工夫で先生の作品を体感してもらおうと思って、このような展示をしているのです」

「しかしな、あの手回しで馬が動いているように見えるガラクタとか、奇妙キテレツな絵画の数々、しかもワシの隠しておいた遺書まで引っ張り出しおって……」

「先生が難聴に思い詰めて遺書を書いたのはもう、有名な話なのです」

「一番けしからんのは絵を引っ張り出すと、それに合ったワシの『田園交響曲《シンフォニアパストラーレ》』の楽章が流れてくるガラクタじゃ。

いいか、ワシの音楽は演奏だけ聴けば、きちんとその情景が浮かぶようにできておる。それを自由に心の中で描き出すのが人間の人間たる喜びなのだ。21世紀の人間は、自然を愛さずおかしな建物ばかり建てるから、自然の喜びと想い出を心の中で味わうことすらできなくなっているに違いない。あんな絵に、ワシの作品が説明できてたまるか」

「新奇なもので人の歓心を買うことはできても、すぐにそれは飽きられてしまう。まるでコップの中の水を揺らしたのと一緒だ。すぐ元に戻る。メルツェルはそんな機械ばかり作っていたなあ。

見世物や機械だけではない。音楽だってそうじゃ。

物事は本質のみを語るべきじゃ。ああいう博物館は、本質に迫るための展示をするべきなのだ」


二人が歩く小路には、門の上に松の枝が飾られた家々がいくつかある。

農家などが、料理とワインを自宅で振る舞う店、「ホイリゲ」の目印だ。軒先が普通の家と区別がつかないため、松の枝は「ホイリゲ」の目印となっている。


ベートーヴェンの足が止まる。

「ワシの肖像が看板に使われておる。ここはなんじゃ？

思い出した！　確かにここはひと夏を過ごした家じゃ。もっとも、途中でこの家の主《あるじ》と喧嘩をして引っ越したがな」


時はもうあと数分で正午になろうかというところ、ベートーヴェンの胃袋がグウ！　と鳴った。

「どうじゃトーマス、ここで昼飯というのは？」

「よいですね、先生。お供します」


門をくぐると、中庭にはずらりとテーブルが並んでいる。

昼間からもう、ワインを飲みながら楽しそうに食事をする人々で賑わっている。

奥の方からアジア人らしい男性が声をかけてくる。

「トーマスじゃないか？　久しぶり！　元気か？　こちらの方がメールに書いていたベートーヴェン先生だね？

先生、はじめまして。私、日本人の指揮者でダイスケと申します。

先生にお目にかかれて、大変光栄です」

ホイリゲの目印＝松の枝

ベートーヴェンが1817年に滞在した
「マイヤー・アム・プファールプラッツ」

「おお、そなたはトーマスの知り合いか？　日本からとな？　日本人と会うのは初めてじゃ」

「さ、先生、トーマス、奥のテーブルで一緒に食事をしませんか？」

　ベートーヴェンは、何人かの仲間と一緒にテーブルを囲む。

　早速、ワインがグラスに注がれ、仲間たちがソーセージなどの御馳走を運んでくる。

「乾杯《プロースト》!!」

　高く掲げたワイングラスに青空と新緑の緑が映り込む。

　グラスを合わせる音が鳴り響くと、早速ベートーヴェンは興味深そうに口火を切る。

「それで、日本とここウィーンはどれくらい離

「マイヤー・アム・プファールプラッツ」
中庭のテラス席

れているのだ？」

ダイスケが答える。

「約9100kmでしょうか？　先生」

「それはさぞかし長旅であったのであろうな？」

「先生、今は飛行機がありまして、空を飛ぶことができます。そうすると約半日でウィーンまで飛んでくることができるのです。夜中に東京を発って、翌朝にはウィーンに着いているのです」

「ほう、21世紀では空を飛べるのか？　それにしてもワシの時代は、ウィーンの市中からここまでが半日かかった。

あるとき[*1]、引っ越しに馬車を雇ってのう。ワシは健康のためにここまで歩いてきたことがあったのじゃ。そのうち曲のアイディアが頭に浮かんでのう、それを書きつけながら歩くうちに道にまよったのじゃ。夜、ようやく着いてみると、待ちくたびれた御者は、家の前に家財道具一式放り出して帰ってしまっていたのじゃ。そこで、そこらへんで遊んでいたガキどもに小遣い銭をやって運ばせたのじゃ」

さらに仲間[*2]が御馳走を運んでくる。

ベートーヴェンが少し渋い顔をしている。

「それにしてもこのワインはなんというか、すっぱい。もっと甘口のものはないのか？」

ワインオタクのダイスケがオーダーする。

「[*3]遅摘みのワイン《シュペートレーゼ》を一本お願いします」

やがて運ばれてきたボトルから注がれるワインは、少し深みがかった黄色をしている。

ひと口飲んだベートーヴェンの表情がほぐれる。

「これじゃ。[*4]ワシの飲みたかったワインはこれじゃ！」

ワインの酔いも手伝って、話に花が咲く。

ベートーヴェンが現れてからの出来事をトーマスが脚色も交えて面白おかしく話しているが、一同の注目の的はやはり、ベートーヴェンの話だ。

「ここの家主にはのう、すごく可愛い娘がおったのじゃ。田舎娘らしいまるっこい顔立ちと赤い頬をしておった。

とあるとき、この娘とワシはうまくいきそうになってのう、その瞬間オヤジに見つかって大喧嘩になって引っ越しせざるを得なくなったわけじゃ。どういうわけか、ワシには女運がない」

ベートーヴェンのおどけた口調が、一同の笑い声を誘う。

気がつけば、もう午後も遅い時間。酔い覚ましに皆で歩くことになった。

「ほう！『ベートーヴェン《ベートーヴェン》の散歩道《ガング》』じゃと？ 洒落た名前をつけおるわい。

それにこの小川。ワシの時代は、ここを歩けば小鳥たちの歌が歓迎してくれ、せせらぎの音が身を包んでくれる。まるで、音楽の女神《ミューズ》が住んでいるような場所じゃった。それが21世紀ではどうだ？ 人工*5建造物のようで情緒もへったくれもない！」

「ベートーヴェンの散歩道」を示す道標

丘の上には整然とぶどうが植えられたワインヤードが広がっている。

丘陵地帯の緑の中を小一時間散歩した一同は大分酔いも覚め、ハイリゲンシュタット公園まで降りてくる。ベートーヴェンの有名な像がある公園である。

皆、思い思いにスマホを取り出して、像の前でベートーヴェンと一緒にツーショットを撮っている。


「ゴーン」

突如背後の聖ミヒャエル教会の鐘が鳴る。

ベートーヴェンが大粒の涙を流して泣き始めた。


「ワシが耳の病気を悟ったのは、この教会の鐘の音が聞こえなくなったからじゃ。そのときの辛さは今でも覚えている。まるで目の前が真っ暗になったような気分じゃった。

おお神よ！　図らずも21世紀に来てしまったが、このように再び耳が聞こえるようになったことに感謝いたします」

ウィーンの森、グリンツィング近郊に広がるワインヤード

「この人は本当にベートーヴェン、その人なのだ！」

トーマスが抱いていた疑念が、深い鐘の音とともに晴れてゆく……。

＊1　Ignaz Seyfried（1776〜1841）著 Studien im Generalbass, Contrapunkt und in der Compositionslehre（Beethoven, Ludwig van）（Schuberth, Leipzig 1853）補足P14にある逸話。ザイフリードはベートーヴェンと同じ建物に住んでいたこともある、同時代の指揮者。ベートーヴェンの死後出版された同書に、逸話をいくつも書き記しています。

＊2　ホイリゲでは飲み物は持ってきてくれますが、食べ物はビュッフェスタイル。自分たちで取りに行くのがしきたり。

＊3　シュペートレーゼ。ぶどうの収穫を遅らせ、少し水分が飛び、糖分が増したぶどうの果汁から作る甘口のワイン。

＊4　ベートーヴェンはどうやら甘口のワインが好きだったらしいのです。

＊5　ベートーヴェンが「田園交響曲」第2楽章の『小川のほとりの情景』のアイディアを練ったとされる小川は、現在ではコンクリートで護岸工事が施され、「田園交響曲」の情緒は感じられません。

ハイリゲンシュタット公園のベートーヴェン像

厳しい国家検査に合格したことを示すキャップ

のの、これはオーストリアのワイン産業にとって大きな痛手となります。しかし、これを機にオーストリアでは厳しいワイン法が敷かれ、国家が認定する研究機関でテストを経たワインには、オーストリア国旗のキャップが付けられることになりました。

あらたなトレンドは？

その後、オーストリアワインは、個性を尊重し、品質を追求し続け、時代とともに発展を遂げています。

現在では、テロワールと気候を生かした樽熟成赤ワインも驚くべきクオリティとなり、「白ワインの国」というイメージを払拭しつつあります。

またユニークなのは、単一のぶどう品種のみでワインを作るのではなく、複数の品種を混植混醸させた「ゲミッシュター・サッツ Gemischter Satz」もあらたなトレンドを築いています。


……………………………………… オーストリアワイン・日本マーケティング協会

コラム 5 オーストリアのワイン文化 Column

オーストリアのワインは教会文化とともに発達しました。1789年、モーツァルトの時代に、ときの皇帝ヨーゼフⅡ世が農家に対する自家製の料理とワインの販売許可令を布告します。これにより本文にも出てくる「ホイリゲ」が登場するのです。ホイリゲはその年にできた新酒と、農家が振る舞う居酒屋の双方を意味する言葉です。

変わるワインの趣向

ベートーヴェンの時代には、おそらく甘い貴腐ワインがもっとも高価なものとして珍重されたことでしょう。それは糖分量と製法による等級付けが行われるドイツのワイン法の流れを引いたオーストリアのワイン法にも表れています。

一方、1956年レンツ・モーザー（Lenz Moser）Ⅲ世博士が考案した生産方式があっという間に全国に広まり、栽培が容易で収穫量の多い「グリューナー・ヴェルトゥリーナー（Grüner Veltliner）」という白ワインのぶどう品種が推奨されます。この品種は、現在でもオーストリアでもっとも栽培面積の広いぶどうで、主に、辛口白ワインが作られます。現在、ホイリゲで普通に飲まれるワインもほとんどがこの品種によるものです。この時代は、オーストリアワインが、質より生産量を重視した時代です。

ワイン・スキャンダルを機に

1985年、オーストリアの安物ワインに貴腐ワインのテイストを捏造する目的でジレチエングリコールが添加されていた、という事実が発覚します（ワイン・スキャンダル）。実際に健康被害にあった人はいなかったも

6 ベートーヴェン、楽友協会《ムジークフェライン》へ

「先生、センセイ！」

パスクワラティ・ハウスの目の前にあるカフェ・ラントマン。

ここが気に入ったベートーヴェンは、すっかり入り浸っている。

トーマスが息を切らせながら入ってくる。

「なんじゃ、騒々しい」

ベートーヴェンは読んでいた新聞を置くと、水を一杯、口にする。

「先生、ウィーンフィルのチケットが手に入ったんです。しかも先生の作品のプログラムです」

「なんじゃ、ウィーンフィルとは？」

「かつての宮廷歌劇場管弦楽団の流れを引くオーケストラです。世界最高のオーケストラのひとつと言われているのですよ。しかも滅多にチケットは手に入らないんです。私も、四方八方手を尽くして、ようやく手に入れたんですよ。コンサートは、11時からです。すぐに行きましょう！」

ベートーヴェンは、しぶしぶアパートへ戻って、身支度を開始する。

楽友協会の建物を目の前に、ベートーヴェンはいささか興奮ぎみだ。

「これはちょっとした城くらいの規模があるのう」

トーマスが尋ねる。

「楽友協会は、確か先生の時代にできたのでしたね？」

「ワシの弟子のルドルフ大公が、確か協会の名誉総裁を務めていたはずじゃ」

「このホールは1870年に建立したもので、大ホールには1700もの席があるんですよ」

ウィーン楽友協会

楽友協会大ホール

ホールへ入ったベートーヴェンは圧倒されたようだ。

「なんと豪華絢爛な！　どれだけの黄金を使ってあるのだ？」

「オーストリア帝国がもっとも力のあった時期に、国の威信をかけて建てられたホールですからね。世界に比類のない素晴らしいホールだと自負しています」


本日の演目は、オール・ベートーヴェンプログラム。
・バレエ音楽『プロメテウスの創造物』の終曲
・ピアノ協奏曲第5番（いわゆる『皇帝』）
・交響曲第3番『英雄交響曲』
である。


演奏が始まった。

ベートーヴェンは、満足げに自分の作品を聴いている。

なによりも、再び聴覚が戻って、自分の作品が聴け

ることに幸せを感じているようだ。

通常、このホールでピアノ協奏曲が演奏されるプログラムでは、それ以前に他の曲は演奏されない。なぜならホールの構造上、ピアノの出し入れが大変だから。ピアノをホールに運び込むためには、脚を外し、ペダルを外し、台車に載せて縦にして舞台に運び込んで、舞台上で組み立て直す必要がある。

今回のプログラムは、指揮者たっての希望でこうなったらしいが、一曲目が終わり、お客を待たせたままピアノを搬入するのは、六人がかりの大作業である。トーマスは、滅多に見られない風景を珍しそうに見ているが、隣に座っているベートーヴェンは退屈したのか、居眠りしながら船を漕いでいる。

今日のソリストは、売り出し中のドイツの若手ピアニスト、ミヒャエル・キルヒナーだ。

コンサートの幕間、オーケストラを待たせて
ピアノを搬入するスタッフ（ウィーン楽友協会）

短く刈り上げられた金髪に碧眼。若々しい魅力に溢れている。イケメンソリストの登場に、会場の女性たちは釘付けだ。

一音目からなかなかの出だし。しかし、ベートーヴェンはやっぱり船を漕いでいるようだ。

やがて、静かなピアニッシモが訪れる。トーマスも思わず目を閉じて、楽友協会の素晴らしい空間に溶け込むサウンドを楽しんでいる……。

「なっちょらーーーーーーーん！《ナイーーーーーーーンー》（なぜか古風な広島弁）」

突然、黄金のホールに怒号が響き渡った。

トーマスが驚いて隣を見れば、先ほどまで船を漕いでいたはずのベートーヴェンがいない。

なんと、彼はあろうことかステージに向かって駆け出しているではないか！

ざわめく観客、騒然となるステージ。

ベートーヴェンのあまりの剣幕に、身の危険を感じたのか、イケメンのソリストは逃げ出している。

ピアノの席に陣取ると、おもむろに演奏を始めるベートーヴェン。

「♪♬♬〜〜〜〜〜〜〜〜」

鮮やかな最初のパッセージが稲妻のように大ホールの空間に放たれると、その力強い音のエネルギーに、一同が圧倒される。

思わず、合わせてタクトを振り始める指揮者。

やがて、３つ目のパッセージがやって来ると、ベートーヴェンの身体の中から溢れ出すように、縦横無尽の即興演奏が次から次へと繰り広げられる。生唾をごくりと飲み込んで、演奏に聞き入る２０００人の大聴衆。

オーケストラのメンバーでさえ、信じられないものを見るかの表情で鍵盤を覗き込んでいる。

あるときは鍵盤に頭を近づけて、まるで獲物を探るかのように演奏する。強い音では身体をのけぞらせ、王者のように髪を後ろになびかせる。その演奏の姿と圧倒的なオーラからは、まるで新しい命が次々と誕生していくようだ。

やがて、聴き慣れたメロディが戻ってくる。

我に返って、トゥッティ《全奏》の演奏を始めるオーケストラ。

さながら天啓に打たれたように、先ほどとは打って変わって躍動感溢れるウィーンフィルの演奏だ。

ベートーヴェンは、自分がピアノを弾いていたことを忘れたかのように、今度は指揮を始めてしまう。

ピアニッシモでは、かがみ込んで地面にまるでひれ伏すようなかっこうとなり、フォルテでは両手をいっぱいに広げ、高々とそそり立つ巨人のように伸び上がって指揮をする。ついには自分の体では表現しきれなくなったのか、空を目がけて飛び上がった！


「ガシャ、ガシャ、ガシャーン！」

目をつぶり、夢中になって指揮をしていたベートーヴェンは、指揮者にぶつかってそこらじゅうのオーケストラの譜面台をなぎ倒してしまった！

騒然とする大ホール。

ベートーヴェンは、顔を真っ赤にしてステージから逃げてゆく。

急いであとを追うトーマス。

ケットは入手できます。
他に青少年への音楽普及を目的とした鑑賞団体ジュネス・ミュジカルなどもあります。

入手困難なウィーンフィルの定期演奏会のチケット

ウィーンフィルは、母体のオーケストラが国立歌劇場の管弦楽団で、ほぼ毎晩公演のあることから、基本的には年間10回しか定期演奏会を行いません。そのため、予約会員で定期演奏会のチケットはすべて売り切れてしまいます。この会員の権利は、代々「世襲」されている場合もあり、「オーストリアには貴族制はなくなったが、ウィーンフィルの定期会員制が残った」などと皮肉を言われることすらあります。しかし、運がよければ、立ち見席なら入れるかもしれません。

国立歌劇場とフォルクスオーパー

ウィーン国立歌劇場は世界一アクティブな歌劇場のひとつで、年間300公演近くが行われています。こちらもwebでチケットの入手が可能ですが、人気のある演目はすぐ売り切れます。その場合は当日、立ち見席に並ぶ方法もあります。

楽友協会

コンツェルトハウス

ジュネス・ミュジカル

国立歌劇場

フォルクスオーパー

コラム 6 ウィーンでコンサートを聴こう!

Column

ウィーンには、大きなコンサートホールがふたつあります。ひとつが本文に登場する楽友協会。もうひとつがコンツェルトハウス(写真)です。

楽友協会には、本文に登場する大ホールの他に小ホールのブラームスザール、室内楽専用のアイネムホールがあります。また建物の裏側には、弦楽器工房とピアノのベーゼンドルファーのサロンが併設されています。

コンツェルトハウスには1865席の大ホール、704席のモーツァルトザール、366席のシューベルトザールがあります。

それぞれのホールがコンサートを主催しているのも特徴です。ほとんどの公演のチケットは、インターネットを通じて日本からウィーンに行く前に買うこともできます。右ページのQRコードをご参照ください。

年間通じて行なわれるコンサートシリーズの通し券が先行販売され、その残り券が売りに出されるのですが、早目に注文すれば、大抵のコンサートのチ

7　ベートーヴェン、自分の銅像と出会う

「先生、センセイ！　待ってください‼」

全速力で逃げるベートーヴェンを、トーマスが追いかけてくる。

お互い息を切らせて、とある公園で足を止める。

汗だくになった二人、顔を見合わせると、思わず大笑いする。

「いやー、先ほどの先生の演奏は素晴らしかったです！」
「あの綺麗なだけで霊感のない演奏に嫌気がさしてのう。思わず……。
しかし、21世紀に来てまで指揮[*1]で失敗してしまった。
どうやら未来にやって来ても、耳が聞こえても、ダメなものはダメらしい
……ワッハッハ！」
ふたりの笑い声が公園にこだまする。

ベートーヴェンは、背後にある像を見上げて驚く。

「おお！　これはワシの銅像ではないか!!」

「そういえばここは、先生の名前を冠した広場でした。先生の時代には、多分ここら辺はグラシ（旧市街地城壁のすぐ外に設けられていた土塁。P18参照）だったはずです。

1880年、ここに先生の銅像が作られ、公園として整備されたのです。ウィーンでは、モーツァルトの銅像よりも早く、先生の銅像が建てられたんですよ。おそらくウィーンの音楽家の銅像では、グルック[*2]に次いで古いものだと思います。像全体の高さから考えれば、作曲家の銅像の中でもっとも高いものでしょう」

「それにしても、足元に縛られたプロメテウスの像を設置するとは。作ったヤツはどんなセンスをしておるのだ。確かにワシのバレエ『プロメテウスの創造物』は大ヒットした。しかし、ワシは『プロメテウス作曲のベートーヴェンさん』と呼ばれるのが大嫌いだったのじゃ」

ベートーヴェンは今一度、銅像を見上げてみる。

ベートーヴェン広場の銅像（カスパール・ツムブッシュ作）

「ハイリゲンシュタットでも同じように感じたが、自分の銅像を眺めるのは不思議な気分じゃ」

「それにしても、先生にそっくりですね」

「あたりまえだ！　ワシはルートヴィッヒ・ヴァン・ベートーヴェン本人以外の何者でもない！」


再び大笑いする二人。

「先生。どうせなら音楽家の銅像見物にゆきませんか？　もっとも、皆、先生の後輩作曲家ばかりですが」

「ほほう。ワシの後、どんな作曲家達が現れたのか、是非とも知りたいものだ」


市立公園《シュタットパーク》は、ベートーヴェン広場の目と鼻の先だ。1862年、リンク通りの整備とともにウィーン最初の公立公園としてオープンした。ここは、もともとミネラルウォーターの飲料療法を提供する保養所があった場所で、その跡にはクア・サロンが建てられている。また公園内にはウィーンの歴史を飾った偉人たちの銅像がある一方、その一角にはウィーン市公園局もあり、公園は四季折々の花で飾られている。

二人は、木々の緑に癒されるようにゆっくりと公園の散歩を始める。

「このヴァイオリンを弾いている像はキンキラキンじゃのう。先ほどの楽友協会といい、ウィーンの人々はよっぽど金色が好きなのか？」

「こちらの像はヨハン・シュトラウスⅡ世の銅像です。舞踏会の寵児で別名ワルツ王。先生の死後、舞踏会ではワルツが大流行したんです。シュトラウスはワルツも組み入れた、オペレッタも沢山作曲したんですよ。オペレッタは先生の時代で例えるのなら、歌芝居《ジングシュピール》のようなものでしょうか？」

「ワシの時代でもアポロザール[*3]なんていう巨大なダンスホールがあったし、ウィーン会議[*4]のときには皆が毎晩踊り明かしておったわ！」

「シュトラウスの時代には、一説によるとひと晩で5万人が踊ったとも言われますし、今でもウィーンでは、ひと冬に200回に及ぶ舞踏会が開かれているのです」[*5]
「ふん、ワシもシンフォニーなど書かずに、もっと舞踏曲をたくさん書いておけば、ワシの銅像も金色に塗りたくってくれたかのう？」

ヨハン・シュトラウスⅡ世像（エドムンド・ヘルマー作）

ブルックナー像
（ヴィクトリア・
ティルグナー作）

「いえいえっ。先生の交響曲は永遠に光を放ち続けるものです。こちらにいる、ブルックナーだって先生に憧れていたんです。」

「ブリュッケ《橋》？　ナー？　なんともややこしい名前じゃのう」

「なんでもブルックナーは、高地《オーバー》オーストリア《エスターライヒ》のドナウ河の支流の村で生まれた。そこは橋が多い場所だったらしいですよ。30代の終わりくらいまで勉強を続けて、今では交響曲作曲家として名前を残しています。ウィーンの音楽院の先生もしていたんですよ。

先生はシューベルトをご存知ですね？」

「うぬ。なかなか才能に溢れた若者だったな」

シューベルト像
（ラオフィル・ハンセンとカール・クンドマンの合作）

「歴史の上では先生の亡くなった翌年に31歳で亡くなっています。でも死後どんどん有名になって、このように記念像まで残っています。特に歌曲が有名です」

「おお！　31歳の若さで！　なんとも不憫な」

「そういえばシューベルトのお墓は、先生のお墓のお隣だったはずです」

「おお！　ワシの墓もあるのか！　それは是非見てみたいのぅ」

「先生、それは日を改めてにしませんか？　今日は二人とも汗でぐっしょりです。日も陰ってきましたし、このままでは風邪をひいてしまいます。アパートに帰って、着替えましょう」

＊1　ベートーヴェンの指揮に関する当時の人たちの証言は、激昂するベートーヴェンの指揮に対する否定的なものが多い一方、難聴に起因する悲劇的な指揮の破綻も伝えられています。本書のベートーヴェンの指揮に関する記述は『ベートーヴェン—偉大な創造の生涯—』H.C.ロビンズ・ランドン著　深沢俊訳（新時代社　１９７０）Ｐ２４１を参考にしました。

＊2　クリストフ・ヴィリバルト・グルック Christoph Willibald Gluck（１７１４～１７８７）。ウィーンの宮廷楽団の楽長も努めたグルックの記念像は、カールス教会（Karlskirche）の横にあります。

＊3　アポロザール　１８０８年にオープンした５０００人を収容できる舞踏会場。当時の舞踏会場は踊るだけではなく、その装飾の豪華さで非日常的な空間を演出しました。当時の人々は「妖精郷」と表現しています。今日の感覚でいえば、テーマーパークのようなものかもしれません。『音楽都市　ウィーン大研究（大研究シリーズ３）』（春秋社　１９９２）Ｐ38参照。

＊4　１８１４～１５年に行われた、ナポレオン戦争後のヨーロッパの秩序再建と領土分割について話し合われた会議。リーニュ侯爵シャルル・ジョゼフの言葉「会議は踊る、されど進まず」は、この会議を評した有名な言葉です。

＊5　前掲書Ｐ25参照。

［第６章と第７章でベートーヴェンとトーマスが歩いた道］

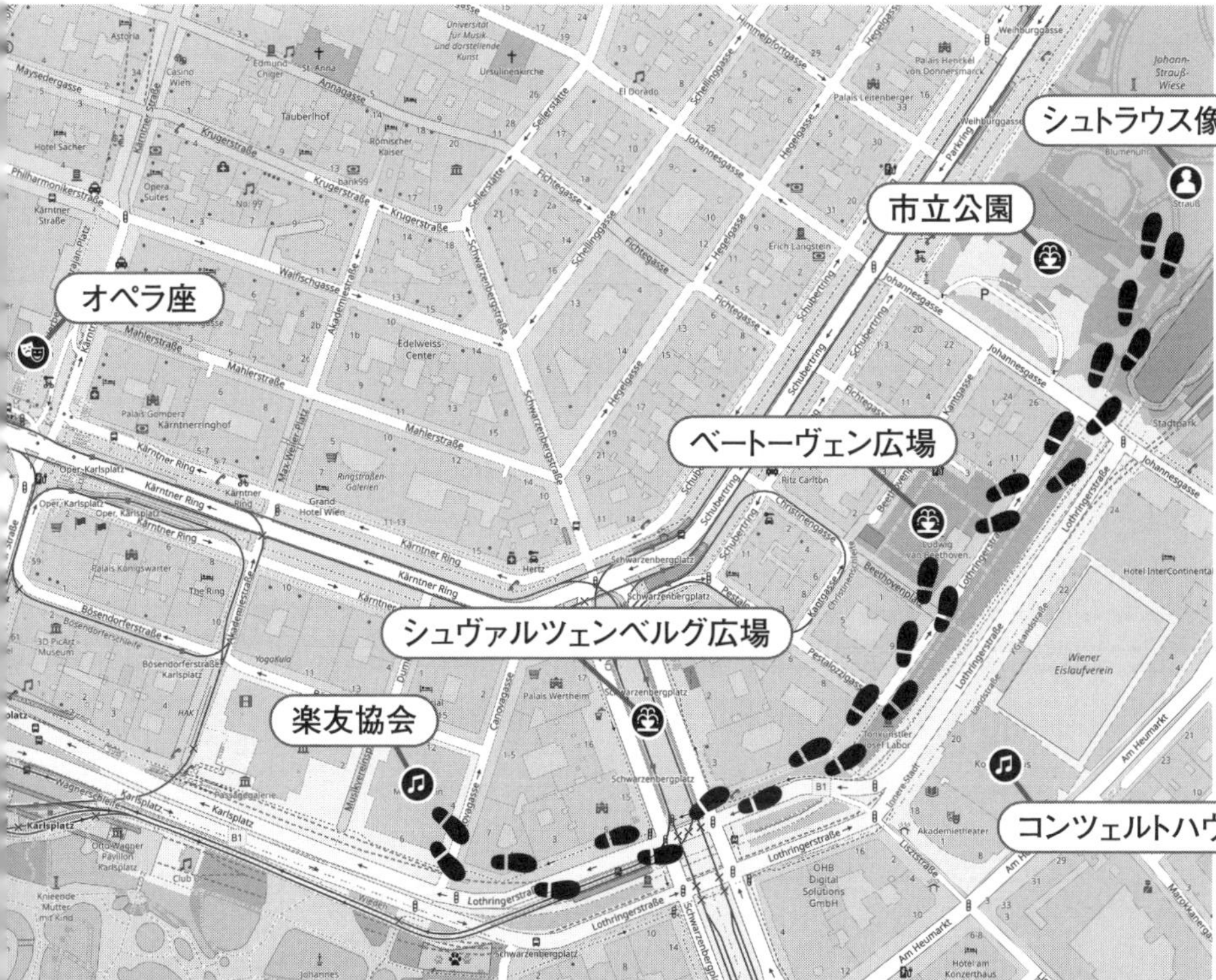

©OpenStreetMap contributors
Base map and data from OpenStreetMap and OpenStreetMap foundation

コラム 7 ウィーン記念像探訪

Column

ウィーンには、本文中に出てくる市立公園以外に、街中の他の場所にも作曲家記念像があります。

市立公園の中には、他にフランツ・レハール Franz Lehár（１８７０〜１９４８）。楽友協会の大通りを挟んだ反対側にはブラームス Johannes Brahms（１８３３〜１８９７）の像①があります。モーツァルトの有名な像②は王宮の庭にあります。旧市街地から少し離れた場所にあるのがハイドン Fraz Josef Haydn（１７３２〜１８０９）の像。マリアヒルファー通りの中程、マリアヒルフ教会の前にあります(Mariahilfer Straße 55 1060 Wien)。

王宮の正面にあるマリア・テレジア像③。向かって右側には子供時代のモーツァルト、ハイドン、グルックが刻まれています。

意外と見つけにくいのが、マーラー Gustav Mahler

1

2

（1860〜1911）でしょうか。ロダン Auguste Rodin（1840〜1917）の手によるマーラーの像④は、国立歌劇場のビュッフェの一角にさりげなく置かれています。

音楽家ではありませんが、音楽ファンに有名なのはラデツキー将軍の像⑤でしょう。リンクの北東の一角にあるオーストリア政府の建物の前に、馬に跨がった堂々とした姿を見ることができます。

8　ベートーヴェン、運命の出会い？

トーマスが、カフェ・ラントマンにベートーヴェンを探しにくる。

ベートーヴェンは、紙面に顔を埋めるようにして新聞を読んでいるが、その一面には、昨日の出来事を伝える見出しが躍っている。


ベートーヴェンを名乗る男、楽友協会に現る！

ウィーンフィルの演奏会は大混乱！


しかも写真付きである。

「先生、センセイ？」

「なんじゃトーマス？」

新聞で顔を隠したまま答えるベートーヴェン。

「もうオーストリアの新聞もテレビも、先生の話題でもちきりですよ」

「わかっておる」

「実は、先生にお願いしたいことができまして」

「なんじゃ。他でもないそちの願い……、申してみよ」

新聞を高く持ち上げ、その下から顔を覗かせるベートーヴェン。

カフェ・ラントマン

「実は私たちの博物館では、先生の作品なのか偽作なのか、わかりかねているピアノ作品があるのです。是非、先生に真偽を鑑定していただきたくてお願いに上がりました」

新聞をバサッと置くベートーヴェン。その目は真剣だ！

「なんだと？　ワシの偽作だと？」

「19世紀中頃に先生の名前をつけて出版された楽譜なのですが、どうにも典拠が怪しいのです。先生の自筆譜も残っていません」

「それは大変だ。その楽譜はどこにあるのだ？」

「博物館です」

「今すぐ行かねばならぬ！」

いきなり立ち上がったベートーヴェンは「ドン！」と背後の人にぶつかってしまう。

「ああっ！」

見れば栗色の長い髪をした妙齢の女性である。立ち姿が実に美しい。

「これはこれはご婦人、大変失礼を致した。面目ない」

女性は驚いたように口を開いて、

「あなたはベートーヴェン先生ではありませんか?」

思わず新聞で顔を隠すベートーヴェン。

微笑みながらその女性はさらに続けた。

「そんな、お顔を隠すことはないでしょう? 先生。私、プレッセ紙の記者をしていますサラ・シュタイナーと申します。はじめまして」

美しい女性に名乗られ、少々顔を赤らめるベートーヴェン。

差し出された手をしっかりと握りしめた。

「申し訳ないが、ワシは新聞とかそういうものは御免なのだ」

「いいえ、先生。先生を新聞ネタにしようというのではありません。実は私、先生の演奏を楽友協会で聴いていたのです。あの生命力溢れる演奏、本当に素晴らしかったですわ。

私、プレッセ紙の記者をする以前は、音楽大学でピアニストを目指していたのです。先生に是非、レッスンをお願いできませんか？」

懇願されたベートーヴェンは、満更でもない様子。

「先生のご都合の良い日時を、メールかお電話でお知らせいただけませんか？できるだけ予定は合わせます。連絡先は、この名刺にありますので」


名刺を差し出すサラ。

「是非ともそなたの演奏を聴いてみたいが、残念ながらワシはメールも電話も使えないのだ。よろしければ、このトーマスから連絡を差し上げるとしよう」

「はじめまして、サラさん。私はウィーン市立博物館の学芸員をしております、トーマス・ニーダーマイヤーです。今は私の上司を待たせておりますので、後ほどご連絡を差し上げてもよろしいでしょうか？」

「もちろんです。ありがとうございます。楽しみにしております」

再びベートーヴェンの手を握ると、髪をなびかせて立ち去ってゆくサラ。

ベートーヴェンは、茫然としばらくその後ろ姿を目で追っていたが、突如、我に返った。

「さあ！　トーマス。博物館へ急ごう。」

＊＊＊

「先生！　ありがとうございます。これで長年の我々の謎が解けました」

トーマスの上司オットー・ミューラー博士が口を開いた。

譜面を睨みながらピアノを弾くベートーヴェンを、一同が取り囲んでいる。

「先生のこの偽作の添削、素晴らしかったです。先生ならこのように書かない、という解説もいちいち納得です。この偽作を作った者がもし先生の弟子だったら、この真っ赤に添削された楽譜を見て、今頃きっと真っ青でしょうな？」

「この我が名を騙った不届き者は色々と詰めが甘い。せっかく見事な展開を見せているのにあわてて結論を急いだり、聴く者へのサプライズを仕込んだりすることも忘れている。

　おっと！　このようなスタッカートもワシは書かん。スタッカートは大切な音を強調する文章の傍点のようなものでもあるのだ。のべつまくなし書くものではない」

「作曲というものはまず音を吟味する。ときには暗い心の淵から音を拾い上げてくるような思いまでする。そして最後の一音まで熟考する。そして我が意図を伝えるべく、スタッカートのひとつひとつまで丁寧に書き上げるのだ。演奏も伝えることなら、楽譜を書くことも伝えること。この不届き者は、そんな音楽に対する思慮が足りん」

トーマスが言う。

「この事実を是非論文にして学会で発表したいのですが、なんと書けばよいでしょう。まさか、今のところ『ベートーヴェン先生がおっしゃった』とも書けないですし」

「ワシも未来に来られて嬉しいし、耳が聞こえるようになったのも嬉しい。ただ、ワシの存在を大騒ぎして欲しくないのじゃ。ワシは、この未来の世界を静かに楽しみたい。

とはいえ、もう新聞には少し書かれてしまったがのぅ。

どうじゃろう？　ミューラー博士。この分析を博士の独自の分析として発表されては？」

「それが先生のご意向でしたら。喜んでそうさせていただきます」

「いずれにしても、ワシはこんな曲など書いておらん。おそらく楽譜屋が金儲けのために作ったものであろう。

ところでトーマス、サラから連絡は来ぬか？」

ベートーヴェンがサラのことを訊くのはこれで6度目である。どうもサラのことが気になって仕方ないらしい。

「先生、今しがたメールが来ました。読んでみますね」

『親愛なるベートーヴェン先生、返信が遅くなりましたことをお詫び申し上げます。仕事で先ほどまで重要な記者会見に出席せねばなりませんでした。これから急いで記事を書き上げて、先生のご提案通り、17時に音楽大学でお待ちしております』

ベートーヴェンの顔が、ぱあっと明るくなった。

♪フェァラークス・グルッペ・ヘルマン　Verlagsgruppe Hermann

近年は、新ヨハン・シュトラウス全集やブルックナー交響曲の新版、名作オペラの校訂新版などを多数出版しています。

ウィーンの楽譜店

♪ムジークミューラー　Musik Müller

■住所：Krugerstraße 4, 1010 Wien

筆者がウィーン時代、散々お世話になった楽譜屋さん。コンクールに優勝したとき、店のご主人がウィーンの新聞の報道記事の切り抜きを取っておいてくれたのもいい思い出です。

クライスラーと偽作

19世紀は作曲家の「幻の新作」が出回ることもよくありました。モーツァルト、ハイドン、ベートーヴェンといった有名どころの作品は売れ筋だったので、心ない出版社は、偽作を出版することで、小銭を稼ごうとしたのでしょう。

偽作の逸話で変わったところでは、ウィーン生まれの大ヴァイオリニストで作曲家でもあるフリッツ・クライスラー（Fritz Kreisler 1875～1962）にまつわるもの。

作曲家の知られざる名曲を発掘し、演奏することを楽しみとしていたクライスラーは、有名作曲家の旋律を自作の中に巧みに織り込み、その旋律の作曲家の作品として発表、演奏をすることもしばしばでした。彼が「偽作」の事実をあっさりと認めたためか、またその作品の素晴らしさからか、偽作の中には現代のヴァイオリニストの定番曲となっている曲すらあるのです。

コラム 8 ウィーンの楽譜出版社&楽譜屋さん Column

ベートーヴェンの時代は、音楽が専門家や貴族から一般の市民にもどんどん広がっていた時代に当たります。良家の子女はこぞってピアノを弾き、アマチュア音楽家として音楽を楽しんだのです。拡大する市場に合わせ、雨後の筍のように出版社もどんどん設立されました。この時代に始まり、今に続く出版社も少なからずあります。ベートーヴェンは複数の出版社としたたかに交渉し、ひとつの作品からなるべく多くの利益を上げようとしました。

もちろん音楽の都たるウィーンには、現在でも世界的に有名な出版社がいくつもあります。

ウィーンの主な楽譜出版社

♪ウニフェルサール・エディション Universal Edition

1901年開業、ウィーン最大手の出版社。ヘンデル、モーツァルト、ハイドン、ベートーヴェンといった古典から、マーラー、さらには近現代の作曲家の作品も積極的に出版しています。

我が国でも音楽之友社と提携して、日本語版の出版を行っています。

♪ムジークハウス・ドブリンガー Musikhaus Doblinger

■住所：Dorotheergasse 10, 1010 Wien

ベートーヴェンの時代、1817年開業。楽譜の出版のみならず、他社製品も含め小売も行っています。筆者は、ヨハン・シュトラウスの楽譜で、ずいぶんとお世話になっています。

9

ベートーヴェン、ピアノのレッスンをする

是非、この章は『アンダンテ・ファヴォリ《お気に入り》』[*1] WoO.57を聴きながら読んでみて下さい。（QRコードからアルフレッド・ブレンデルの演奏を試聴することができます）

「サラ、お待たせして申し訳ない」

ベートーヴェンは、17時02分にウィーン国立音楽大学のレッスン室に現れた。急いだのか、肩で息をしている。髪はきちんと整えられ、髭は綺麗に剃り上げてあったが、焦ったせいか少し剃刀負けも見られる。

　しっかりとアイロンがかけられたシャツにプレスの利いたパンツ。いつもの朝のベートーヴェンのボサボサの格好とは大違いだ。オーデコロンの香りさえ漂っている（トーマスのとっておきのオーデコロンを拝借したらしい）。

「先生、そんなにお急ぎになってお越しにならなくても……。とにかく私の不躾なお願いを聞いていただき、誠にありがとうございます」

「いや、そなたの願いとあればなんでも。とにかくそなたのピアノを聴かせてはくれぬか？」


真剣な表情でピアノに向かうサラ。緊張で少し指が震えているようでもあるが、ベートーヴェンの『アンダンテ・ファヴォリ』を弾き始める。

やがて、レッスン室は優しい響きで満たされてゆく。

ベートーヴェンは椅子を引き寄せて腰掛け、目を閉じて聞き入っている。

静かに心に訴えかけてくるような慈味溢れる曲である。


最後の小節 p のヘ長調の和音が消えてゆく。

静けさが部屋にやってくる。

サラはドキドキしながら、ベートーヴェンのひと言を待っている。

目を瞑ったまま、静けさをじっと味わっているベートーヴェン。

「うむ。見事だ」

ベートーヴェンがやっと口を開いた。

「特に中間部の右手のオクターブの続くところなど、見事なまでに粒が揃って美しい（譜例1）。巧みなバレリーナの舞を見ているようでもある。そちの華奢な手でよく弾いている」


「そなたは、この曲をどう思う？」

「私の大好きな一曲です。この最初のシンプルな出だしが何遍も繰り返されて、その度に……」

「そうだ、そこなのだ。たとえ同じものだって時刻によって、日の当たる角度が変われば見え方も変わるじゃろう？　ワシのこのお気に入りの主題（メロディ）も、還ってくるたびに少しずつ変化をする。失礼！」

［譜例1］

［譜例2］

サラに席を譲るよう仕草で示すと、代わってピアノへ向かうベートーヴェン。最初の主題が繰り返される部分を解説しながら、次々と弾いてゆく。

ベートーヴェンの弾くピアノの音は、まるく温かい。

「この主題で使われているレガートは、ひとつの物語を語るように弾く。大きく息を吸った上で息を継がず、ゆったりと語る物語だ。このレガートは、決して切れて聞こえてはならない。ピアノはどうしても弾いた瞬間から音が消えてゆく運命にある。このフレーズは、途中で息が途切れたように聞こえてはだめなのだ（譜例2）」

［譜例3］

ベートーヴェンが弾くピアノの音に、先ほどまで寒かった室内も温まった気がする。

さらにベートーヴェンの解説は続いた。

「最後のほうでワシはこの主題をふたつに切り分け、それぞれを引き延ばした。初めてこの主題がひと息では歌えなくなる。なぜこうしたかわかるか？（譜例3）」

「愛し合う恋人たちが、逢瀬の別れの時間が近づいてくると、その時間をどうしても引き延ばしたくなるだろう？

この曲を書いているときに、ワシはフランスの友人を通じてエラール[*2]のピアノを手に入れた。そのピアノには、ワシのそれまでのピアノになかった足のペダル（ダンパーペダル）がついていた。その機構にワシは惚れ込んだ。感情を込めるようにそっと踏み込めばピアノの音の余韻が残る。

そしてワシは、初めてここで足ペダルの記号を書いたのだ。いつまでもこの恋人たちが過ごした時間の余韻を味わえるようにな。

ちょっと弾いてみなさい……」


サラがピアノの前に座ると、傍らにベートーヴェンが寄り添う。

「……そうだ。余韻を味わうのだ、杓子定規にリズムを数えるのではない。

ここでは、この曲で初めて*ppp*が現れる。恋人たちの長い影が夕闇へと消えてゆくのだ。

最後の小節でそなたは音を切っていた。そうではない。ペダルは踏んだまま。最後の音を弾いてから優しくペダルを離す。……そうだ！　素晴らしい！」


ベートーヴェンのレッスンに、サラは感激して顔を紅潮させている。

「それにしても、そなたはなぜこの曲を選んだのじゃ」

サラが話を始める。

「これはオペラ歌手だった私の祖母から聞いた話なのですが、なんでも私たちの遠いご先祖さまのためにベートーヴェン先生が書いてくださった曲だとか？」

「まさか、それはあのヨゼフィーネか？」

「そうなのです。ヨゼフィーネ・ブルンスヴィックは私たちの祖先なのです」

ベートーヴェンは思わずサラの手を握って、ぐいと自分に引き寄せた。

「おおサラ！　そなたは……あの……」

サラも恍惚とした表情を浮かべていたが、たちまち我に返ってベートーヴェンの手を払って言った。

「先生、ダメです。私にはちゃんと将来を約束したフィアンセがいるのです」

「おお！　すまぬ！　つい！　ああ！　これは！」

落胆してうなだれているベートーヴェン[3]に、サラが微笑みかける。

「先生、申し訳ございませんが、私のお願いを是非ひとつ、聞いていただけませんか？」

ハッとなるベートーヴェン。

「なんじゃやその願いとは？」

「今日のこのひとときの思い出に、先生の髪の毛を一本だけいただきたいのです」

「おお、実に奇妙な願いごとじゃな。そんなことならいくらでも。その代わりに、そなたのその美しい栗色の髪も一本、ワシにもらえぬか？」

ベートーヴェンはもぞもぞと髪を一本引き抜くと、サラの栗色の髪と交換する。

「先生！　ありがとうございます。これは私の宝、一生大事にします」

サラはベートーヴェンの髪の毛を『アンダンテ・ファヴォリ』の楽譜の最後のページに挟み込んでニコリと笑った。


「ピロロン！」

無粋なメールの着信音を、サラのスマホが発した。

「先生、トーマスが素敵なレストランを予約してくれたみたいですよ。お腹が空きませんか？　一緒にまいりましょう」

＊1 『アンダンテ・ファヴォリ』WoO.57 1803年の作品。ベートーヴェンが「ワルトシュタイン」ソナタOp.53の第2楽章として作曲しました。ソナタ全体が長くなりすぎるのを危惧して「ワルトシュタイン」はこのアンダンテを削除され、現在の姿になったと言われています。この曲の主題自体はベートーヴェンも気に入っていたらしく、最後の2曲のピアノソナタにも、その回想が見られます。
またこの曲は、ベートーヴェンが熱を上げたヨゼフィーネ・ブルンスヴィックへの愛の告白とも言われています。タイトルの『ファヴォリ《お気に入り》』は、後に出版社が付けたものです。

＊2 ベートーヴェンは、ボン時代の友人で、パリで教鞭を執っていたアントン・ライヒャ（1770〜1836）の口利きで、パリのエラール社の最新式のピアノを手に入れました。「ワルトシュタイン」ソナタには、このピアノの性能の高さが反映されています。
ベートーヴェンが持っていたピアノに比べて、音域が広がり、新機構の足で踏むダンパーペダル（音の余韻を止めずに持続させるペダル）がついていました。

今日では当たり前の機構ですが、これ以前のベートーヴェンのピアノでは、ダンパー機構は膝で突き上げる方式のものだったのです。もちろん、足で踏む方がより自然な感覚で演奏が可能となります。

ベートーヴェンは、早速アンダンテを含む「ワルトシュタイン」ソナタの中に、ペダルの操作の記号を書き入れたのです。

＊3 ちなみに史実によれば、ベートーヴェンは、貴族の子弟かつ自分のピアノの女弟子ばかりに恋をしていたと言われています。

私立の音楽院

＊リヒャルト・ワーグナー音楽院　Richard Wagner Konservatorium

■住所：Schönbrunnerstraße 213-215 A-1120 Wien

他にもフランツ・シューベルト音楽院、グスタフ・マーラー音楽院、プライナー音楽院、ウィーン音楽院など、私立の音楽院もありましたが、活動を停止しています。

教会音楽の音楽院

＊ディエツェザン音楽院　Diözesankonservatorium

■住所：Stock im Eisen Platz 3/IV　1010 Wien

ウィーン音楽・舞台芸術大学ロートリンガー通り校舎

コラム 9 | ## ウィーンの音楽学校

Column

ウィーン最初の音楽学校は、1817年に創立されたウィーン楽友協会音楽院です。

ここでは、あのサリエリ Antonio Salieri（1750–1825）も指導者に加わっていました。

歴史を紐解けば、沢山の著名音楽家がウィーンから巣立ち、世界を股にかけて活躍しています。

ウィーンの音楽大学

ウィーンで数々の名音楽家を輩出してきたふたつの公立系音楽大学。

＊ウィーン国立音楽大学　Universität für Musik und darstellende Kunst Wien

（正式にはウィーン音楽・舞台芸術大学）

■住所：Anton-von-Webern-Platz 1, 1030 Wien

楽友協会音楽院の流れを引く音楽大学。筆者の母校でもあります。

＊ウィーン市立音楽芸術大学　Musik und Kunst Privatuniversität der Stadt Wien

（ドイツ語の直訳はウィーン市私立音楽芸術大学）

■住所：Johannesgasse 4a　1010 Wiern

1938年創立。もともとウィーン市立音楽院だったものが、ウィーン市の財政難によりウィーン市の補助も受けつつ、2005年に民営化されたもの。

10

ベートーヴェン、自分のサインを見つける

サラに案内されてベートーヴェンがやってきたのは、グリーヒェンバイスル（ギリシャ亭）。現存するウィーン最古のレストランで、店の名前は、17世紀にその周辺がギリシャ人街だったことに由来する。

「おお、ここはワシの時代にもあったレストランではないか。ワシの時代には確か『黄金の天使《goldene Engel》』という名前だったと思うが」

「トーマスが気を利かせて予約したそうですよ」

その昔、ドナウ河[*1]の港町だったこの界隈は、市街地からドナウ河の運河に向かって急激に土地が下っている。このレストランは地形も利用して建てられているため、市街地側の入り口からは、まるで地下に降りてゆくような造りに感じられる。

トーマスの名を告げて案内されたテーブルには、すでにトーマスとその上司のミ

レストラン「グリーヒェンバイスル」の「サインの間」

ユーラー博士、ダイスケとその友人が席についていた。

「あら、叔父さま、お久しぶり」とサラ。

「博士。博士はサラのことをご存知なのですか？」

トーマスが不思議そうに尋ねる。

「サラはワシの姪っ子でな。といっても直接血は繋がってはおらん。だが、赤ちゃんの頃からよく知っているぞ。

ところでベートーヴェン先生、今朝ほどはありがとうございました。どうぞこちらへお掛けください」

ミューラー博士が椅子を引いて歓迎する。

「おお。この部屋は覚えておるぞ、確かワシもサインさせられたはずじゃ」

店の壁一面にはこの店を愛した、ウィーンゆかりの著名人の直筆サインが残されている。

全員でサイン探し大会が始まった。ほどなくベートーヴェンのサインは見つかり、他にもヨハン・シュトラウス、スッペ、ワーグナー、ブラームス、ビスマルク、シーレ……数え上げてゆけばきりがなくなってきた。

「ワシはフルネームでサインしたと思うが、苗字しか残っておらんのう」

ダイスケは壁を眺めながら、

「以前は日本のタレントもこぞってサインしましたが、ずいぶん消されたようですね」とつぶやく。

店のメニューを見ながら、トーマスがベートーヴェンに提案する。

「確かベートーヴェン先生は、カワカマス《Zander》が好物でいらっしゃいましたよね？　店にお願いして仕入れておいてもらいました」

「おお、トーマス。お主はシンドラーよりよっぽど気が利くのう。よくワシの好物をわかっておる」

「先生はお魚が好物でいらっしゃいましたか？　今度是非、日本のスシを一緒に食べにゆきませんか？」とダイスケ。

「Ｓｕｓｈｉ？　まあよくわからんが、肉も食べるぞ。だが魚も好きなのじゃ！　しかし、このメニュー[*2]。見ただけでは想像がつかん食べ物もあるのお」

チーズでできたディップとパンが運ばれてくる。

続いて運ばれてきたのは、フリッターテン・ズッペ。甘くないクレープが入ったコンソメスープである。熱々のスープには、わけぎが散らしてある。

フリッターテン・ズッペ

「なかなか良いスープではないか。塩加減もちょうど良い」

ベートーヴェンもご機嫌のようである。

「先生はカワカマス以外には、なにを召し上がっていたのですか？」

サラが尋ねる。

「そうじゃな、普通に焼いた肉とか魚は食べていたが、その他にはウシの脳みそのスープとかな！」

「うわあ！　脳みそですか！」

サラが顔をしかめると、すかさずミューラー博士が口を挟んだ。

「ベートーヴェン先生。ヨーロッパでは１９９０年代にクロイツフェルト・ヤコブ病と呼ばれる脳が海綿状になって麻痺してゆく病気が流行りましてな。それが一時期、牛の脳みそや脊髄が原因と言われたことから、我々の世代では食べるのに抵抗があるのですよ。今では家畜の飼料の徹底的な見直しにより、ほぼ安全と言えるところまで来ています」

ベートーヴェンは興味深そうに聞いている。

♫〜〜〜

隣の部屋からツィターの調べが流れてくる。

「おお！　あれはツィターではないか！　ワシもほとんど聴いたことがない。ちと見てきても大丈夫か？」

「先生、どうぞ」

ベートーヴェンは隣の部屋の様子をこっそりうかがっている。

部屋の隅で、初老の男がテーブルの上に置かれたツィターを奏でている。巧みに左手で弦を押さえながら、右手につけた爪を使ってしなやかにつまびいている。30本を越える弦を自在に操る姿は職人のように無駄がなく、実に見事だ。小さな楽器からは信じられないほど立体的な音が鳴っている。

席に戻ってきたベートーヴェン。

「うーーーん。なんというか、実に素朴な響きだのう。あのメロディは有名なものか？」

ミューラー博士が引き取って、

「ウィーンを舞台にした１９４９年の映画、『第三の男』のテーマ音楽ですね。あの映画は、このツィターの調べで有名になったと言ってもいいくらいです」

「それにしても21世紀の市中は、録音された音楽が溢れている割に、ろくな音楽がない。同じことを馬鹿みたいに繰り返すばかりではないか？　あれではやまびこの方が幾分ましじゃ。まあ、ワシの時代にもそんな作曲家はおったがのう。

それに比べて、あの音楽はどうだ？　派手さはないものの本当に創意に富んでおる」

テーブルにメインディッシュが運ばれてきた。

ベートーヴェンにはカワカマスのムニエル、博士にはグーラシュにクネーデル（パンで作った団子）。トーマスとダイスケにはウィーン風カツレツ《ウィンナーシュニッツェル》、サラは赤かぶのリゾットというあんばいだ。

カワマスのムニエル

ウィーン風カツレツ

それぞれ思い思いの皿が並ぶと、テーブルも華やいだ雰囲気になる。

トーマスがサラに尋ねる。

「あれ？　あなたはベジタリアン[*3]かヴィーガ

ンなのですか？」

「いえ、今日、私が受けたベートーヴェン先生のレッスンがあまりに素晴らしかったので、食欲があまり湧かないみたいなのです」

ベートーヴェンは饒舌になって、

「サラ、音では胃袋は満たせぬぞ。良い演奏、良い音楽、良い食事だ。人生こんなにありがたいことはないのじゃ。

ワシの時代は、戦争でモノが困窮したときもあった。その戦争のおかげでインフレーションが起こり、食べ物の値段も極端に上がったこともあったのじゃ。おいしいものをこうやって皆でテーブルを囲んで食べられるのは、本当にありがたいことなのじゃ。神に感謝せねば」

ベートーヴェン、トーマスの皿を覗き込む。

「お主の食べ物、それはなんじゃ？」

「先生の時代には、やはりなかったものなのですね？　ウィーン風カツレツ《ウィンナーシュニッツェル》です。仔牛の肉を叩いて伸ばして、ゼンメル[*4]の粉をまぶして揚げたものです」

「トーマス、少し分けてもらっても良いかな？」

少し切り分けるトーマス。

「これはうまい！　トーマス、ワシにも一皿注文してもらえないかのう？」

それからは、一同がベートーヴェンの健啖ぶりに驚かされる。

あっという間にカワカマスを平らげ、皆がオーダーしたそれぞれの料理も自分用に追加オーダーしてもらって、ぺろりと平らげたのだ。

「うぬ！　21世紀の料理はどれも実にうまい！　これだけでも21世紀に来てよかった」

付け合わせのキャベツのサラダをつついていたトーマスが、思い出したようにベートーヴェンに話しかける。

「そういえば先生、まだ分離派会館《セセッシオン》にはお連れしていませんでしたね。先生を記念した展示があるのです。是非、参りましょう。ミューラー博士、明日は先生をご案内するためにお休みをいただいてもよいでしょうか？」

ワインで少し酔いがまわって、顔の赤いミューラー博士は「仕方ないな」と苦笑いしている。

デザートが運ばれてくる。

甘いもの好きのベートーヴェンの目の色が変わる。
テーブルを囲むすべての仲間が幸せな、楽しい夕餐はまだまだ続く。

＊1　19世紀後半にドナウ河の治水が行われるまでは、ドナウ河の本流は今のように整備されておらず、ウィーンの市街地のすぐ近くを流れていました。このグリーヒェンバイスルの周辺は港で、交通、物流の要所として栄えました。

＊2　ドイツ語ができるようになっても、レストランのメニューの解読はそれなりの知識がないとできません。でも逆に空腹が勉強欲となり、ドイツ語より先にメニューが読めるようになる人もいます（筆者はフランス語は得意ではないけれど、フランス料理のメニューの解読はばっちりです（笑））。

ベートーヴェンの時代はなかった調理法、食材も現代のウィーンのレストランにはあるはずですから、おそらくベートーヴェンは、現代のレストランのメニューを見て戸惑うこともあるでしょう。

＊3　ヨーロッパでも最近、有機、ヴィーガン、およびベジタリアン食が脚光を浴びており、売られている食品やレストランのメニューにもその表示が見られるようになってきました。また、アレルギーを起こす可能性のある14品目についても表示がなされています。

＊4　オーストリア発祥のハードロールパン。独特の文様があります（写真参照）。

オーストリア発祥のパン
「ゼンメル」

コラム 10

ウィーンのガストロノミー ❶

ウィーン料理はその長い宮廷文化の中で、また農民や移民たちの料理も巧みに受け入れながら発展してきました。

ハプスブルグ王家は、国際結婚によってその権力を保っていたため、ブルゴーニュ、フランスといった外国から嫁いできた妃たちは、その食文化も一緒にウィーンにもたらしました。

本文中に登場した料理は、その代表的なものです。

オードブル

本文中で紹介したチーズをベースとしたディップ（わけぎが入っていたり、パプリカで着色したものもある）の他に、スモークした肉や魚をのせたサラダや、通常フランス料理などでオードブルに類するものもよく見られます。サラダは、シュタイヤー地方のカボチャオイル（濃い緑色）で仕立てたものが特徴的かもしれません（写真はモッツァレラやカッテージチーズをアソートしたグリーンサラダ）。

スープ

コンソメスープは、その浮き具によって特徴が分かれます。本文中に登場したフリッターテン（甘くないクレープを細切りにしたもの）、セモリナ団子、レバー団子などが主なものです。

Column

また、ポテトクリームスープ、ニンニククリームスープなども一般的です。

オーストリアの宮廷には、皇族のスタミナを支えた滋養スープ「オリオスープ」というものもありました。

魚料理

オーストリアの地勢的な特徴から、川魚が食卓にのることも多いようです。本文中に登場したカワカマスや、鱒、ナマズ、といったところが主な魚。昨今は、イタリアのトリエステの港で朝上がった魚が、昼のウィーンのレストランのメニューに並ぶので、海の魚だってもちろん味わうことができます。

肉料理

食べる肉の種類は牛、豚、鶏、羊。そして、秋になるとジビエの猪や鹿などもメニューに載ります。

代表的な料理

ウィーン風カツレツ　WienerSchnitzel

子牛の肉を叩いてゼンメル（ウィーン風の丸パン。P110参照）のパン粉をまぶして揚げたカツ。少し塩をふってレモンを絞っていただきます。付け合わせは、ポテトフライや本文中にも登場したキャベツのサラダなど。

ウィーンで出てくるシュニッツェルは、すごいボリューム。日本人の女性には、きっと食べきれないでしょう。筆者は半分残して持ち帰り、翌日、カツ丼にしたこともあるくらいです。

超一流のレストランでは勇気が要りますが、一般のレストランでは、食べ残しを持ち帰ることができるのもウィーンの習慣のひとつです。

グーラシュ　Goulash

ハンガリーの農村で生まれた、パプリカの粉をたっぷり入れたシチュー。農民が畑で日がな1日作業する間に食べらた料理。焚き火をして、その上に鍋を置き、煮込んだシチューをそれぞれが思い思いの時間に食べた、と言われています。

ウィーンのレストランのグーラシュは、ハンガリーのものに比べて洗練された味がします。香辛料では、キャラウェイの香りがするのもウィーンのグーラシュの特徴かもしれません。付け合わせはパンで作ったお団子（クネーデル）。あるいはニョッキのようなもの。ピクルスが添えられていることもあります。

ターフェルシュピッツ　Tafelspitz

牛腰肉のボイル。もともとは牛肉の部位、イチボを指す言葉でした。皇帝フランツ・ヨーゼフI世の好物のひとつだったらしい。西洋ワサビとリンゴのソースでいただきます。

ゲバッケネ・シャンピニオン　Gebackene Champignons

マッシュルームにゼンメルの粉をまぶして揚げたもの。タルタルソースの他、レモンを絞って食べます。ビールにぴったり、筆者の好物です。ウィーンの珍味No.1？

新ウィーン料理

ご紹介したような伝統的なウィーン料理以外にも、諸外国の料理のエッセンスを取り入れた創作料理は、新しいウィーンのガストロノミーの潮流です。中近東のスパイスを活かしたもの、日本のワサビの風味を加えたもの、パッションフルーツを大胆に組み合わせたもの、シェフ独自の創意工夫が、驚くような味を生み出しています。

11

黄金のキャベツとベートーヴェン

トーマスのアパートは、旧市街地にある。両親は外交官で、目下、二人が海外駐在中のため、広いアパートを一人で独占している。だが今は、その一室をベートーヴェンが間借りする格好になっている。

「♫〜〜〜♬〜〜〜」

バスルームからベートーヴェンの鼻歌が聞こえる。

21世紀のテクノロジーで、ベートーヴェンが最も気に入ったものはバスルームのシャワーだろう。

19世紀にはシャワーのような設備が宮廷でも各家庭でも一般的ではなく、そのくせベートーヴェンは水浴びが大好きだった。それゆえ住まいのフローリングの床で水浴びをして、床を台無しにしたり、階下に水を漏らしたりして、家主との闘争の原因のひとつとなった。それが生涯であれほど引っ越しを繰り返す遠因となったらしい。

一方、ベートーヴェンが苦労しているのはドライヤーである。どうもあの電気のコードがじゃまになるようだ。バスルームから出てきたベートーヴェンの髪型は、アメリカのコメディ映画の、爆弾をかかえたまま爆発した主人公そっくりだ。飲んでいたコーヒーを思わず吹き出すトーマス。

「あのドライヤーとやらはなんとかならんのか？　ピアノを弾く方がよっぽどやさしい」

「そのうち、先生も慣れますよ」

トーマスは笑いながら答えている。

＊　＊　＊

「先生の今日の髪型になんだか似ていますね。私たちは『黄金のキャベツ』なんて呼んでいますが」

＊1分離派会館《セセッシオン》を目の前にしたトーマスが言う。

分離派会館（セセッシオン）

「人をからかうんじゃない、トーマス。それにしても、またキンキラキンだ。ワシの死後、よっぽどキンキラキンが流行ったのか？」

「この建物の開館は１８９７年、当時の前衛芸術家たちのために建てられたのです。

そしてその前衛芸術家たちによって１９０１年、先生をテーマにした展示会が開かれたのですよ。中に入ってみませんか？」

「おお！　中に入れるのか。なにやら面白そうだ」

＊＊＊

同じ時刻、ウィーン大学の生化学研究室では熱心に顕微鏡を覗き込む男がいる。

サラの婚約者アレクサンダー・シュヴァルツは、医師でもあるが、ウィーン大学で研究も続けている。

「アレックス（アレクサンダーの愛称）、おはよう！」

扉が開くとサラが入ってくる。

「なんだ、サラ。ここに来るなんて珍しい。今日は暇なのか？」

「お願いがあって、ここに来ちゃったの」

「*2マインシャッツ《私の宝物よ》。それが君の願いとあれば聞き入れないわけにはいくまい」

「実は、この古い髪の毛とこちらの髪の毛。このふたつを調べてもらえないかしら？　どうやら同じ家系のものらしいのよ」

「毛髪鑑定だね。うーん、検体の量が少なくて難しいかもしれない。でも、ほかでもない君の頼みだ。なんとかやってみるよ。これは一体、誰の毛髪なんだい？」

「鑑定に主観が入ってはいけないので、結果が出てから教えるわ。なに困った顔をしているのよ。犯罪とか、そんなんじゃないから。

　これの結果次第では大ニュースだ！　ってことくらいは教えておくわ。大急ぎでお願い！」

「そうだな、10日はかかってしまうかなあ」

「もっと早くはできないの？　急いでね！　お願い」

「わかった。できる限りのことはやってみるよ。ところで、今日は一緒に昼飯を食べる時間はあるかい？」

「ごめんなさい、ちょっとこの毛髪のこともあって、特ダネになるかもしれないことを追っているのよ。時間ができそうならメールする」

さっと身をひるがえして研究室を出てゆくサラ。

仕方ないな、と苦笑をするアレクサンダー。

＊　＊　＊

分離派会館の地下の一室。部屋の上部にある壁画を見上げているベートーヴェンとトーマス。

クリムトの傑作『ベートーヴェン・フリーズ』[*1]だ。

「これが、お主が申しておった壁画か？」

「そうなんです、先生。残念ながら保管している間に、かなりの部分が欠損してしまっています」

「うむ。だんだんその19世紀から20世紀にかけての芸術、というやつがわかってきた気がする。ワシの時代の芸術は『良き趣味《ボン・グー》』というのが命題であった。ワシの作品でさえ、何人もが『逸脱した』とか「悪趣味」だとか陰口を叩いたものだ。

しかし、きっとこのクリムトとやらの時代は、人間が悪趣味として

分離派会館に展示される「ベートーヴェン・フリーズ」。残念ながら散逸した部分も多い

あえて目を瞑って語らなかった人間の内面や心の闇、根幹に持つ欲望も芸術として描き出したのであろう。

おそらく作者は人間の表面の目に見える部分だけではなく、内面の強さ弱さまで感じ取る観察眼を持っていたように思える。それをあえて貴石を用いたり、立体的な質感を作ったりしながら、平面的な部分との落差で際立たせようとしたのであろう。この男の画力は相当だ。顔も見せずに抱き合う二人の絆の強さが、足にまとわりつく髪の毛の一本一本の筆使いに表れておる。しなやかであると同時に、力強いではないか？」

ベートーヴェンの鋭い評に、トーマスは感心している。

「この時代の芸術家たちが金箔をこのように多用したのは、あらゆる金属の中でもっとも腐食しないものだからであろう。明日失われるかもしれない自分の生命の儚さを嘆きつつ、永遠の生命を自分の作品に求めたのではないか？

しかし、この壁画がワシの作品が主題になっていると言われると、なんともはや不思議な気分がするがのう」

分離派会館を出たベートーヴェンとトーマスは、ナッシュマルクト《つまみ食い市場》を歩き始める。

市場には色とりどりの野菜や果物、肉や魚、チーズが並べられている。

「ワシの時代にもこの近くに市場があった気がするが、近くを流れていたウィーン川はどこに行ったのだ？」

「先生、ウィーン川は私たちの足元の地下を流れているのです。19世紀末の治水工事で整備されたのですよ」

「なんと！　川まで地下を流しているのか！」

視線を市場に並ぶ野菜から移したベートーヴェン、とある建物に気が付いた。

「おお！　この建物。確かに[*3]テアター・《ウィーン川》アン・デア・ウィーン《ほとりの劇場》ではないか！

ナッシュマルクトの果物商

テアター・アン・デア・ウィーン

これは懐かしい！　ワシの難産だった『フィデリオ』[*4]は、ここに缶詰になって書いたのだったな。おお！　ワシの名を記した銘板があるではないか！」

ベートーヴェンは、記念にトーマスに銘板の下で写真を撮ってもらう。

市場の方へ向かってゆくと、通りの向こう側からダイスケが手を振っている。

「先生！　ベートーヴェン先生～～」

「なんじゃ？　騒がしい」

「一緒にスシを食べにゆきませんか？」

テアター・アン・デア・ウィーンに架かる
ベートーヴェンを記念する銘板

＊1　分離派会館。アカデミックで伝統的な芸術家集団から分離して、新しい芸術を作り出す若い芸術家集団のために建てられた展示会場。1897年開館、ヨゼフ・マリア・オルブリヒ設計。統一したテーマのもとに展覧会を行い、1902年の展覧会のテーマがベートーヴェンでした。そのために描かれた壁画が『ベートーヴェン・フリーズ』。

＊2　マインシャッツ＝私の宝物よ。ドイツ語の言い回しとして、自分の子供や恋人、配偶者によく使われる言い回し。恋人にこんな言い方をする男はキザに決まっている！（筆者の偏見？）。

＊3　テアター・アン・デア・ウィーン。モーツァルトのオペラ『魔笛』の台本で成功したエマヌエル・シカネーダーが、1801年開設。ベートーヴェンの時代から現存する数少ない劇場のひとつです。

＊4　ベートーヴェンが残した唯一の歌劇『フィデリオ』は、1805年にこのテアター・アン・デア・ウィーンで初演されますが、フランス軍のウィーン侵攻ともあいまって大失敗に終わります。2回の改訂を経て、1814年に行われた決定版初演は大成功。ウィーン会議の期間中に何度も再演されました。

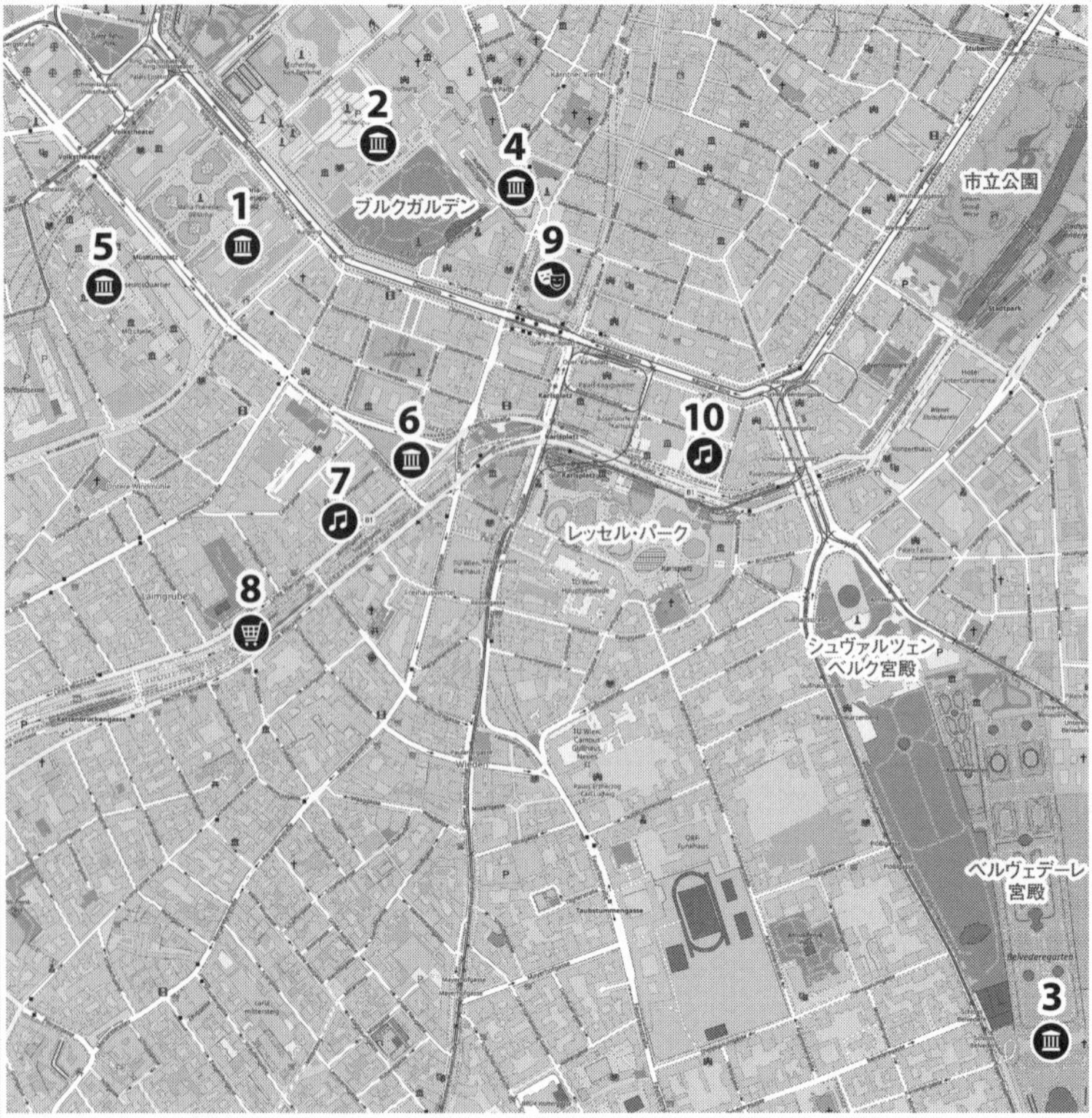

©OpenStreetMap contributors
Base map and data from OpenStreetMap and OpenStreetMap foundation

1. 美術史博物館
2. 美術史博物館別館（新王宮）
3. オーストリアギャラリー（ベルベデーレ宮）
4. アルベルティーナ
5. ミュージアム・クオーター
6. セセッション
7. テアター・アン・デア・ウィーン
8. ナッシュマルクト
9. オペラ座
10. 楽友協会

コラム 11 ウィーンは美術の宝庫 Column

ウィーンは、ハプスブルグ家の長い統治の間、王家や貴族、裕福な市民たちによって、多くの美術品が収集されました。それらは今もウィーンで見ることができます。本文中に登場するクリムトの『ベートーヴェン・フリーズ』は、2019年、日本とオーストリア修交150周年を記念して、原寸大の精巧な複製が日本にやってきました。

美術史博物館には、美術の教科書で見たことがあるようなブリューゲルの名画をはじめ、数々の名画が収蔵されています。

別館の楽器コレクションでは、ベートーヴェン時代の楽器やベートーヴェンゆかりの品々を見ることができます。

オーストリアギャラリー（ベルベデーレ宮）では、クリムトの傑作『接吻』のほか、ココシュカ、シーレなど19世紀から20世紀にかけての名画に出会うことができます。

王宮の一角アルベルティーナでは、ピカソやモネにも出会えます。

また、ミュージアム・クオーターでは、常に興味深い展示が行われています。

その他にもリヒテンシュタイン美術館など、素晴らしい美術館も点在しています。

クリムト『ベートーヴェン・フリーズ』

ミュージアム・クオーター

リヒテンシュタイン美術館

12 ベートーヴェン、寿司を食べる

バリバリの江戸っ子タツノブは、3年間築地で修業を積んだ後、包丁一本でふらりとウィーンにやってきた。この街が気に入ったらしく、日系ホテルのレストランで4年間働いた後、ナッシュマルクトの近くに自分の店を開いた。ダイスケは、この店の常連らしい。

「タツ……nobu?　ずいぶんと難しい名前じゃの」

ベートーヴェンは差し出された名刺を見ながら、困惑気味のよう。

「タツ、で結構でやんすよ。ベートーヴェン先生、どーです?　日本の酒を召し上がってみては?　あっしからのサービスでやんす」

「おお、タツ、それはかたじけない。しかしこれはまた、ずいぶんと小さいコップだのう」

ベートーヴェンは、出されたお猪口と水のように透き通った日本酒に興味津々だ。

「これがSAKE?　とな?」

おっかなびっくり、日本酒を口にするベートーヴェン。

「うーぬ。水のように見えて水でない。今まで味わったことのない香りじゃ」

「先生、これはコメで作ったワインのようなお酒です。濾過させて作るので、水のように見えるのですよ」とダイスケ。

隣でトーマスもちびちびやっている。

「センセイ、これが寿司でやんす。今朝、思いっきり新鮮な材料が手に入りましたから、絶品ですぜ」

「おお！　美しい。これは一体なんなのだ？」

「生魚とその下にあるのがご飯でやんす。お醤油をつけて、召し上がってくんなさい」

「おお！　生でも魚は食べられるのか？　醤油？　なんじゃそれは」

「横に置いてある黒っぽいソースでやんす。大豆のソースでやんすね」

見よう見まねで箸を使って、恐る恐る、寿司を口に運んでみるベートーヴェン。

「ん！　うまい！」

「おお！　お気に入っていただきやしたか。あっしの寿司は、ウィーンの人たちにも好評でやんすよ」

気に入ったのか、次々と寿司を口に運ぶベートーヴェン。

「ん？　なんじゃ？　この緑の塊は？」

止める間もなく、ワサビの塊を口に運んだ。

「ぎゃ〜〜〜〜〜〜〜〜！」

叫び声が店中に響きわたる！

「先生！　水を飲んでください！　水です」

ダイスケの手からコップを奪い取ると、水を一気に飲み干す。

目から大粒の涙を流して、顔を真っ赤にしている。

「タツ、お前はなにをワシに出したのじゃ！　毒を食わせるとは何事じゃ！」

怒って店を飛び出すベートーヴェン。

「すまん、タツノブ、付けといてくれ」

トーマスとダイスケも店を出て、ベートーヴェンを追いかけてゆく。ダイスケは、ありとあらゆる言葉を使って謝っている。

＊＊＊

ようやく落ち着いたベートーヴェン。

「うぬ、わかった。ワサビなるものがなにかもわかったぞ。それにしても、世の中にあんなに辛いものがあるとは。しかし、まだまだワシの腹は減ったままだ」

三人がナッシュマルクトまで戻ってくると、ソーセージスタンドからなにやら良い匂いが漂ってくる。

「グゥ〜〜〜〜〜〜」

ソーセージスタンドのソーセージ。
紙皿に、マスタードとパンを添えて供される

ベートーヴェンの胃袋が音をたてる。しょうがないので、三人でソーセージを食べることにした。

スタンドの中を見てみると、色とりどりのソーセージが焼かれている。オーダーすれば、一口大に切ったそれにマスタードを添えて紙皿にのせて出してくれる。

爪楊枝のようなものが添えられ、スタンドの周りでそのまま立ち食いとなる。

今日の空は、抜けるように青い。

お日様に見守られながら、大の男三人が昼間から、缶ビールとソーセージで楽しそうに音楽談義に花を咲かせている。

も数種類のソーセージが鉄板の上で美味しそうに焼かれて出番を待っています。おすすめはソーセージの中にチーズが入ったケーゼクライナー。切ると、溶けたチーズがじわりと滲み出てきます。

ウィーンになくてフランクフルトにある ウィンナーソーセージ

ヨハン・ゲオルグ・ラーナー

フランクフルトになくてウィーンにはあるフランクフルトソーセージ。

両者は実は同じものです。ベートーヴェンの時代、フランクフルトで修業を積んだヨハン・ゲオルグ・ラーナー。当時のフランクフルトでは、ギルドの規制が厳しく、豚肉と牛肉を一緒には売れませんでした。

規制の甘いウィーンにやってきたラーナーは、豚肉と牛肉を混ぜたソーセージを「フランクフルト風」として売り出したところ大ヒット。のちに規制が緩んだフランクフルトでも同じ製品を「ウィーン風」と売り出して、好評を博したそうです。写真は、フランクフルト風ソーセージ。ボイルしてあります。

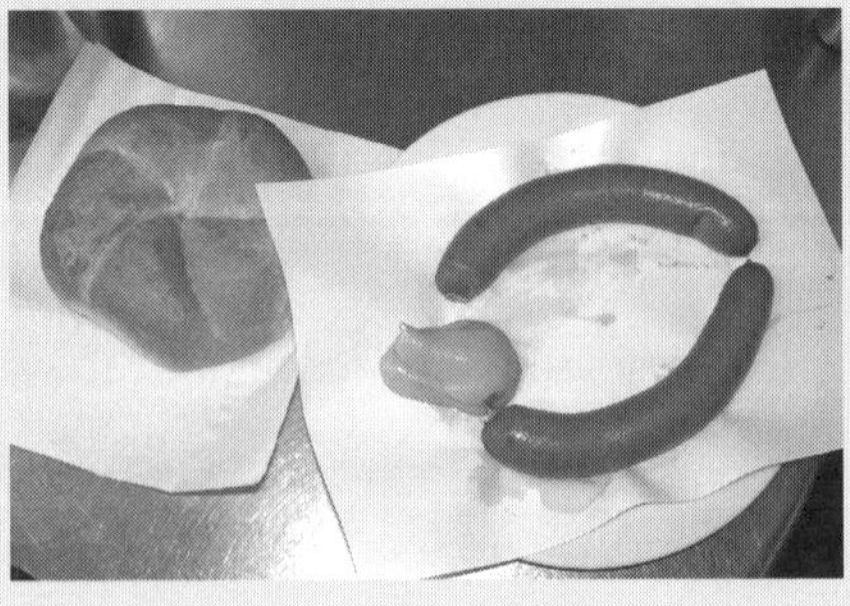

コラム 12 ウィーンのガストロノミー ❷

Column

筆者が留学した今から30年ほど前に比べ、ウィーンの食文化には劇的な変化が起きました。

その大きな要因は、1995年のEU加盟により、域内の食材がどんどん流通するようになったことです。

また世界的な航空便の増加で、人間の往来が増えたことも一因でしょう。

特に寿司は脚光を浴び、現在インターネットで検索しても150軒以上もの寿司を扱う店があるのがわかります。しかしそれらは、中華系や韓国系の経営であることが多く、日本人にしてみれば残念な寿司であることもしばしばです。

また、オーストリアの高級料理店では各国料理のエッセンスを柔軟に受け入れ、多彩なメニューを掲げています。

写真は、新ウィーン料理の一例です。マグロのマリネ(くるみとざくろ)、アボカド、アップルチップス、雛豆のペースト。

伝統のソーセージスタンド

著者が学生生活を送った当時、お財布にとって優しかったのは、街角に立つ伝統のソーセージスタンド。

中でもレバーケーゼと呼ばれるレバーが入ったミートローフのサンドイッチは、安くてお腹がいっぱいになりました。スタンドの中を覗き込むと、いつ

13 ベートーヴェン、料理をする

トーマスが困った顔をしている。

ベートーヴェンが、料理をすると言ってきかないのだ。21世紀に来てから他人に世話になってばっかりなので、今度は自分で料理をしてお礼がしたいと言って譲らない。

料理には疎いトーマス。そこで、サラが快くベートーヴェンの料理の面倒を見てくれることになった。

＊＊＊

サラが車でベートーヴェンを連れてきたのは、ウィーン・ミッテ駅のショッピングモールだ。

もともと2階部分が市場だったところが、大改装され、なかなか立派なモールになっている。

そして一番目立つ部分に、大きなスーパーが入っている。

ベートーヴェンが初めて目にする食材も多く、あれこれサラに訊いている。

「おお、寿司まで売っているぞ！　あのワサビまであるではないか。ん？　なんだあの食材は？」

「あれはアラブ系の料理に使うものですわ。スパイスの効いた料理はけっこうウィーンでも人気があるのですよ」


エスカレーターで2階に上がると、ずらっとワインボトルが並ぶコーナーがある。

「今やオーストリアでさえ、こんなにワインを作っているのか？色々な国のワインもあるものだ。南アフリカ！　そんなところでもワインがあるのだな」

ベートーヴェンはワイン・コーナーで、ひと瓶ひと瓶を確かめるように手に取って眺め、それに飽きたかと思うと、家庭用品や、食器のコーナーを珍しそうに眺めている。

特に馴染みのない電気製品は、その商品の説明文を読んでみたり、サラに訊いてみたり、興味深そうだ。

痺れを切らしてサラが言う。

「先生、食材は要らないのですか？　晩ご飯に間に合いますか？」

「おお、そうであった」

ベートーヴェンは品定めをしてあったワインを手に取り、1階の生鮮食料品のコーナーへ。たちまち、肉や野菜でショッピングカートが一杯になる。支払いは、トーマスから預かってきたお金を使う。

ベートーヴェンは、これから書く曲が出版社に売れたらトーマスにお金を返すと約束したらしい。無論、トーマスは信じてはいない。

「先生、お買いになった食品を車に積みに駐車場まで行ってきます。先生はまだご覧になりたい店がありますよね？　すぐ戻ってきます」

頷くベートーヴェン。

＊＊＊

ショッピングモールのスーパーの前は、吹き抜けの広場になっており、天窓からは自然光が差し込んでいる。

その中央にはポツンとピアノが置かれ、隣に置かれたカードには「どうぞご自由にお弾きください」と書いてある。

サラが戻ってくると、ベートーヴェンは獲物を狙うライオンのようにピアノの前をうろうろ歩きまわっている。

「わあ！　ピアノがあるじゃないですか。『ご自由にお弾きください』ですって？　先生、弾かれないんですか？　それなら私、ちょっと試してみますね」

「♪♩♬〜〜〜〜〜〜〜〜〜×　♪♩♬〜〜〜〜〜〜〜〜〜×」

ベートーヴェンのソナタを弾き出すサラ。しかし、何度か同じ部分で間違えてしまう。

怪訝な顔をしたサラがベートーヴェンに問いかける。

「先生、どうもこのソの音の鍵盤の反応が悪いみたいなんですけれど、どう思われますか？」

ベートーヴェンの目がキラッと光る。

「なんじゃと？　それは大変だ。少し[*1]ワシに試させてみよ」

サラは、ベートーヴェンに席を譲った。

ベートーヴェンは、ソの音のキーを押したり、少し持ち上げようとしてみたり、いじっている。

やがて、ベートーヴェンは傍らに立つサラを見上げて、悪戯っ子のような笑みを浮かべて、ピアノを初めて触った幼児が弾くように一本指で鍵盤を叩いてみた。

「♪ソ・ソ・ソ・ミ♭～～～、ファ・ファ・ファ・レ～～～～～～」

思わず吹き出すサラ。

その途端に表情が真剣になったかと思うと、怒濤のごとく演奏を始めるベートーヴェン。

ピアノはまるで今まで眠っていた獅子が突然咆哮を始めたように、ショッピングセンターの四方八方へと音の矢を放ちまくる。

ウィーン・ミッテ駅は、多方面に走る近郊電車の路線が集約される駅であり、また地下鉄も通り、空港直通の快速電車が発着するターミナル駅でもある。したがってこのショッピングセンターも人通りが多く、常にざわめきがある。

それが、ベートーヴェンが演奏を始めると水を打ったように静かになっていた。

思わずスマホを取り出して、録画を始めるサラ。

ベートーヴェンのピアノを取り囲む人々の輪が、一重、二重とだんだんに増えてゆく。空港に向かおうとするらしいスーツケースを引く人々も、足を止めて静かにピアノの音に聴き入っている。

まるで音の力が磁石のようになり、人々をベートーヴェンのピアノに引き寄せているかのようだ。


ベートーヴェンは、そんな周りには目もくれず一心不乱にピアノに向かっている。顔の筋肉は紅潮し、血管には力が漲っている。ギョロギョロ[*2]と動くその大きな目には、荒々しい光が宿っている。

先ほどは悪戯っぽく弾いた『運命の主題』[*3]が、今度は海原の大波のように打ち寄せてくる。壮大なる即興演奏だ。

演奏は突然転調し、媚びるような旋律が信じられないほど美しい*pp*で奏でられる。聴く者からはすすり泣きの声すら聞こえて来る……。

「ガーーーーン」

ベートーヴェンの左腕が低音を打ちつける。

再び音の大波が、広場に向かって放たれた。

そして、同じ低音を左手ではひたすら弾き続けたまま、右手は四方八方に鍵盤の上を駆け巡っていく。

「♪ジャン・ジャン！」


ハ長調の終止形で締めくくられた即興演奏が終わると、ショッピングセンターは物音ひとつ聞こえない静寂に包まれる。

ベートーヴェンの傍らに立っていたサラが、スマホを構えたまま腰が抜けたようにぺたん！　とその場に座り込んだ。

いつの間にか広場を埋め尽くしていた人々から静けさの後、大喝采が沸き起こってやまない。

「うお〜〜〜〜〜〜〜〜〜〜」

歓声が渦を巻いて広場の吹き抜けを駆け、こだましてゆく。

万雷の拍手の中、群衆の間を縫ってテレビカメラが近づいてくる。

そう、このピアノはテレビ局によって設置されたものなのだ。街中に置かれたピアノを通りがかった人々が無造作に弾く姿を捉えていく。

もちろん、先ほどからの演奏の一部始終もしっかりテレビカメラに収められていた。

未曾有の出来事に、テレビ局のクルーたちもいささか興奮気味だ。

「すみません、お話をお聞かせ願えませんか？」

テレビ局のスタッフが問いかける。

「なんだ、お主たちは？」

「オーストリア国営放送局《ORF》のテレビチームです。お名前をお聞かせ願えないでしょうか？」

名刺と身分証を差し出すスタッフ。

「なんだかわからんが、ワシはルートヴィッヒ・ヴァン・ベートーヴェンじゃ」

「すみません、もし不都合がありましたらテレビの放送には使いませんので、本名をお聞かせ願えませんか？」

「だから申しておる。ルートヴィッヒ・ヴァン・ベートーヴェンじゃ。すまぬ。ワシはこれから約束がある、失礼！」

「ああ！　すみません。また後日ご連絡をさせていただけませんか？」

「それではワシの友を訪ねるがよい。ウィーン市立博物館の学芸員トーマス・ニーダーマイヤーだ」

「承知いたしました。素晴らしい演奏をありがとうございました」

不思議そうな顔をするテレビ局のクルーを残し、万雷の拍手の中、ベートーヴェンは顔を真っ赤にして恥ずかしそうに、サラと一緒に駐車場へと向かった。

＊　＊　＊

サラの実家。

サラの両親が娘と一緒に訪ねてきた男を不思議そうに迎えている。

ベートーヴェンは、サラにキッチンの使い方や調味料の置き場所を教わった後、「誰も入れるな」ときつく念を押した。

キッチンからは「とお！　いやっ！」といった掛け声やバンバンとなにかを叩く音。ガラガラガッシャーンというなにかを落とした音まで聞こえてくる。

トーマス、サラ、ミューラー博士、ダイスケとサラの両親。食事のできあがりを待つ者たちは、いささか心配そうな面持ちだ。

その場の空気を繕うように、サラが今日起こった出来事を面白おかしく話して聞かせる。

キッチンに籠城して1時間半、ようやくキャップを被ったもじゃもじゃの頭に青いエプロン姿のベートーヴェンが、皆の前に登場した。

[*4]ほとんど実のないスープ、生焼けの牛肉、工場の煙突で燻したような匂いがする豚肉のローストが食卓に並べられると、招待された一同にそろって不安が走った。


満足そうな笑みを浮かべて、皆を見回すホストのベートーヴェン。

まずは、自分が料理を口に運んでみる。

「・・・・・・・・・」

ひと呼吸おいて、神妙な面持ちで口を開く。

「ダイスケ、スシを食べにゆかんか？」

＊１　ベートーヴェンは、なかなか人前で自分からピアノを演奏しようとはせず、彼の演奏を聴くためにわざと間違えてピアノを弾いたり、ピアノの調子が悪いとベートーヴェンに尋ねたり、周りがさまざま策略を巡らせたという証言があります。『ベートーヴェン―偉大な創造の生涯―』H.C.ロビンズランドン著・深沢俊訳（新時代社　１９７０）Ｐ２１１、Ｐ２７９、Ｐ３５３など参照。

＊２　前掲書　Ｐ３５３を参照しました。

＊３　交響曲第５番Op.67の有名な『運命の主題』は、ベートーヴェンが名付けたものではなく、自称秘書のシンドラー（Ｐ17参照）の捏造したものと言われていますが、本書ではわかりやすくするため、あえてこのような表現をとりました。

＊４　"Ludwig van Studien" Ignaz Ritter Seyfried (Schuberth & Comp. Leipzig, Hamburg u.Newyork 1853）付録Ｐ15、16の逸話を再構成しました。

コーヒー

コーヒー豆が生産されている国ではないのですが、筆者はウィーン風のロースト・コーヒーが好きなので、よく買って帰ります。筆者のおすすめは、Julius MeinlのPräsident。

Präsident

ワイン

瓶を割らないで持って帰るのは大変ですが、それなりの用意をすればワインもおすすめ。
もし沢山買ってしまっても、日本で払う関税は大した金額になりません。値段もお手頃なものが多いのが嬉しい。オーストリアの赤ワイン用代表ぶどう品種はZweigelt（ツヴァイゲルト）。白ワインはP59をご参照下さい。

コラム 13　スーパーで買えるお土産　*Column*

もちろんお土産物屋さんで高価なお土産を買うのも楽しいですが、筆者がウィーンでお土産物として買って帰るのはスーパーで買う食料品などです。

ウィーンには、小型店が中心のBILLAと大型店のBILLA PLUS、本文にも出てくるのはSPAR（ドイツ系のディスカウントスーパー）、PENNY Marktなどが、よく目にするスーパーでしょうか。

私が普段よく買って帰るおすすめのお土産物を、いくつかご紹介します。

モーツァルト・チョコレート

マジパンとピスタチオが効いたチョコレート。小分けにしてもきれいなので、ちょっとしたお土産に喜ばれます。チョコレートでは、他にミルカMilkaなど（日本にも入ってきていますね？）。乳製品がおいしい国なのでチョコレートもよいでしょう。

カボチャオイル Kürbiskernöl

シュタイヤー地方の名産品。濃い緑色をしたナッツ系の香りが特徴的なオイルで、りんご酢に少し蜂蜜を溶いたものを合わせたドレッシングは、グリーンサラダと相性抜群。

BILLA

SPAR

モーツァルト・チョコレート

Milka

Kürbiskernöl

14

自分の墓の前に立つベートーヴェン

朝のカフェ・ラントマン。ベートーヴェンはいつもの席でなく、テラス席に座っている。

朝日が眩しいのかサングラスをかけ（無論トーマスに借りた）、今日は新聞も読まずに道を行く人々や車をボーっと眺めているようだ。

目の前にある朝食にもあまり手がついていない。

トーマスがベートーヴェンを見つける。彼の向かいの席に座ると開口一番、

「先生、すごいことになっています。先生の昨日の演奏を誰かがYouTubeにアップしたらしく、もう25万ビューがついています。

この動画につけられたハッシュダグの#Beethoven21cはグーグル検索で、第1位です。昨晩、オーストリア国営放送局《ORF》で放映されたニュース動画は全世界で放送され、

先生は今、世界中で話題になっているんですよ！」と興奮してまくし立てた。

ベートーヴェンは黙っている。

「さらにウガンダのなんとかいう預言者が『この音楽を聞けば病が癒える』と発言したらしく、車椅子でずっと生活していた人が先生のYouTube動画を見て、いきなり立ち上がったんだとか……、センセイ？」


長い沈黙の後、やっとベートーヴェンが口を開く。

「すまん。トーマス。考え事をしていた。いつもお主には世話をかけてばかりですまんのう」

「先生、とんでもありません」

「申し訳ないが、今日は是非ワシの墓に連れていってもらえんか？　この1週間あまり、本当にありがとう」

「わかりました、先生。準備にお時間を下さい。10分ほどで戻ります」

トーマスは、ベートーヴェンがサングラスの下から流していた涙のあとに少しだけ驚きながら、気付かないふりをして答えた。

＊＊＊

ウィーン中央墓地はウィーンの南東部の外れにある墓地で、１８７４年、ウィーンの新都市計画により設置された。市内にあった墓地は整理され、その多くがこの中央墓地に改葬されている。ベートーヴェンは、ウィーン18区にあったヴェーリング墓地（現在のシューベルト公園）に埋葬、ベートーヴェンの翌年亡くなったシューベルトも同じ墓地に埋葬されたのだが、中央墓地の開設にあたり二人揃って改葬されている。

中央墓地名誉区32A

中央墓地の真ん中の第2門を入ると正面に教会があり、しばらく歩いてゆくと中ほど左手にウィーンの偉人たちを埋葬している名誉区画32がある。
　その中の32Aがベートーヴェンをはじめとした作曲家たちの永眠する場所であり、その中心にモーツアルト記念碑、これを挟んで左側にベートーヴェン、右側にシューベルトの墓が据えられている。

「不思議なものじゃな、これがワシの墓か」
「えーーと、ここにいらっしゃるのがベートーヴェン先生、だとするとこの中は一体？　ひょっとしてもぬけの殻なのでしょうか？」

「ワシにもわからん。だがこんなところで墓を暴いても仕方ないしのう。それにしても、神はなんという悪戯をなさったのじゃ。ワシはここに横たわり、ここで永遠の眠りについているはずであろうに。自分で自分のアイデンティティがわからなくなってきた。

ところでハイドン先生の墓はどこに？」

「ハイドン先生のお墓は現在、遺言に従ってアイゼンシュタット[*1]にあります」

「ここはモーツァルト先生のお墓なのか？」

「これは記念碑にすぎません。色々と調査されたのですが、モーツァルト先生のご遺体は行方知れずです。ザンクト・マルクス墓地に埋められたのは確かなようですが」

「なんと、21世紀にもなって、まだモーツァルト先生のご遺体がどこにあるのかわからんのか！　なんという悲しいことだ」

「ザンクト・マルクス墓地は帰り道にあります。寄られますか？」

「うむ。そうするとしよう」

＊＊＊

ザンクト・マルクス墓地はもはや墓地として、新しい遺体が安息を求めに来ることはない。

しかし、ウィーン市により公園墓地として保存されている。

「『別離は我々の宿命であり、再会を期した我々の希望である』……か」

ベートーヴェンは墓地の入口にある像に刻まれた文字を読み、反芻している。

ザンクト・マルクス墓地入口の像

モーツァルトの墓碑

墓地は入口から奥に向けて、ゆっくりとした登り坂になっていている。ベートーヴェンとトーマスは、一歩一歩踏みしめるようにその坂を登ってゆく。左手に開けた場所があり、モーツァルトの墓を指し示す看板が立っている。

矢印が指すその先には、折れた柱の像の傍らに嘆く天使が佇み、墓碑には「ヴォルフガング・アマデウス・モーツァルト」と刻まれている。

モーツァルトが亡くなった当時は、疫病が今以上に恐れられていた時代であり、公衆衛生上、平民の葬式後、墓地まで遺体に家族が付き添ってゆくことはなかった。また華美な葬式は禁じられ、棺桶は使い回し。遺体は墓地の区画に集団埋葬された。これは改革者だった皇帝ヨーゼフⅡ世の詔勅による埋葬方法だった。ちなみにウィーンで、火葬は20世紀までほとんど行われていない。

そのため、モーツァルトの正確な埋葬位置はわからず、墓掘人の証言をもとに大まかな場所にモーツァルトの墓碑が建てられている。

あまりにも死者の尊厳を軽視した埋葬方法に、30年ほど経ってこの法令は撤回されたが、運悪くモーツァルトの死はこの法令の施行期間に引っかかってしまったわけだ。


モーツァルトの墓碑を前に、ベートーヴェンがトーマスに静かに語りかける。

「世の中は不条理に満ちている。時代が価値ある人間に対して正当な評価を下さないことが多すぎる。

ワシとモーツァルト先生はたった14歳しか歳が違わぬ。ただ、その14年の差がこんな差になってしまう。

お主が言うところによれば、ワシの葬儀はたいそう立派だったらしい。しかし、モーツァルト先生は世間から顧みられないような葬儀だったのだ。しかもどこに眠っているのかもわからぬ。

神はそれぞれの人をそれぞれのふさわしい時代に遣わした。そして、人はその運命の中で精一杯もがいて生きたのじゃ。しかし、それぞれの時代が人に優しいとは限らない。

神[*2]に愛されたはずのモーツァルト先生の運命が、これではいくらなんでも悲しすぎる。実に不条理だ。

モーツァルト先生は真の天才だった。先生に比べれば、ワシなど足元にも及ばぬ。あの巨星に照らされながら自分の道を探るために、ワシはウィーンを目指した。ところがその最中、巨星[*3]は墜ちてしまった。

それでもワシはウィーンにやってきた。その星屑を探しにな。

暗闇の中、数々の苦労を背負い、すべて手探りで、ただ人一倍頑張り続けて我が道を探し求めた。

しかし、それは失敗の連続じゃった。曲がり角でぶつかってばかりじゃった」

ポツリ、一粒の雨が頬に落ちた。

「モーツァルト先生の涙雨か……、できすぎじゃ。まるで小説のようじゃの」

＊1　ハイドンは、いったんウィーン市内の墓地（現在の12区ハイドン公園）に葬られたのですが、ハイドンの仕えたエステルハージ公爵家の子孫が、ハイドンの遺言を思い出し、アイゼンシュタットに埋葬するためにハイドンの死後11年目に墓を掘り返したところ、首から上の骨がありませんでした。墓から頭蓋骨を持ち去ったのは頭蓋骨マニア、ヨハン・ペーターの仕業だったのです。その頭蓋骨が再びアイゼンシュタットで身体と一緒に埋葬されたのは、なんと１４５年後の１９５４年。オーストリアの当時の法律では、このような墓荒らしを罰する法律がなかったのだとか。

＊2　モーツァルトのミドルネーム「アマデウス Amadeus」は「神に愛される」という意味を持っています。

＊3　１７８７年、ベートーヴェンはモーツァルトに師事しようとウィーンに赴きますが、その間に母が重病になったため、短期の留学のみでボンに帰らざるを得なくなります。その後、モーツァルトは１７９１年12月に亡くなりました。再び準備を整え、ベートーヴェンがウィーンに留学できたのは１７９２年11月のことでした。

リストなどを教えたこともある偉大な教育者のひとりでした。

ザンクト・マルクス墓地

本文に出てきたザンクト・マルクス墓地は、モーツァルトの墓の他に、ベートーヴェンの対位法の先生だったアルブレヒツベルガーの墓などがあります。

サリエリ

グスタフ・マーラー

グリンツィング墓地

グスタフ・マーラーのお墓は、第5章で取り上げたホイリゲ近くのグリンツィング墓地にあります。

ウィーンに没しウィーンに墓がない作曲家

本文で触れたハイドン以外にも、ブルックナーもウィーンで亡くなりましたが、ウィーンには墓がありません。遺言に従って、故郷に近い高地オーストリア州のザンクト・フローリアン修道院のオルガン下にその棺が安置されています。

ウィーン市の
墓地案内

コラム 14 ｜ ## ウィーン墓マイラーガイド

Column

ヨーロッパの大帝都であったウィーン。出世と金儲けを夢見て、あるいは自分の夢を叶えるために人々がこぞってウィーンを目指し、またその多くはウィーンで没したのです。

我々が耳馴染みのある作曲家のうち、ウィーンに生まれウィーンで亡くなった作曲家は、数えるほど。ヨハン・シュトラウスⅡ世やフランツ・シューベルトはその代表格です。他の巨匠たちはウィーンの外からやってきて、ウィーンで永遠の眠りについています。

ベートーヴェン

中央墓地

ここにはもっとも多くの音楽家たちが眠っています。本文にあるベートーヴェン、シューベルト以外にもブラームス、シュトラウス一族、ヨーゼフ・ランナー、スッペ、ヒューゴ・ヴォルフ、シェーンベルグが、32区に安置されています。

ブラームス

また墓地の壁に沿った0区にはサリエリ、ツェルニーといった人々の墓が並んでいます。中央墓地として現在のように整備される以前から、この周辺の土地は墓地として使われてきました。その頃から偉人たち向けの名誉区画がこの部分に当たります。サリエリは、ベートーヴェン、シューベルト、

15

風雲急を告げる

原稿の整理をしているサラのもとに、アレクサンダーからメールが入る。

文面を見て、吹き出すサラ。

『至急研究所《ラボ》ニ来ラレタシ、アレクサンダー』

「まったくあのカタブツは！　20世紀の電報文みたいなメールを送ってくるなんて、もうちょっと愛嬌のある文章を考えられないのかしら」

とにかく研究所へと向かうサラ。

＊　＊　＊

30分後、サラはアレクサンダーとコンピューターモニターを覗き込んでいる。

「すまん、君はあのメール文を読んでぜったい『つまんないヤツ』と思ったに違いないが、この分析結果を見てあまりにもショックだったので、ついあんな文を送ってしまった」

「あら、アレックス。やっぱり私がなにを考えていたのかわかったのね」

「まあ、それよりこのモニターのデータだ。まず年代測定だが、こっちの左の毛髪は今から約200年前と出ている。それに比べて、右側はつい最近のものだ」

「ご名答！　続けて！」

「こちらの放射線分析では、ふたつの毛髪ともに通常の人間では考えられないくらいの重金属反応、つまり鉛の量が多いことを示している」（＊コラム15参照）

「へー、鉛ね。それで肝心の鑑定結果は？」

「それがその、ひょっとしたらこれは鑑定の過程でミスが起こったのかとも思ったのだが……」

「なーに？」

「この表を見てくれ。200年の年代差があるにもかかわらず、このふたつの髪の毛は同じ家系の人間、なんてものではない。全くの同一人物であることを示している」

「やっぱり、ね」

「そろそろこの髪の毛が誰のものなのか、教えてくれてもよいだろう？」

「あなたの想像の通りよ。ひとつは、叔父様（ミューラー博士）にお願いして博物館から特別にいただいた、ルートヴィッヒ・ヴァン・ベートーヴェンのもの。もうひとつは」

「君がレッスンを受けたという、今話題の人物か……。なんということだ！」

「この結果に間違いはないわね？」

「遺伝子座のマーカーを、何度もしっかり調べたさ。裁判に出しても通用するレベルさ」

「それならデスクに連絡して、急いで記者会見をしましょう。今日の午後にでもセッティングするわ」

「そんなに急ぐのかい？」

「だってネット上やオーストリアのマスコミは、この話題でもちきりよ。真実を求め危うく暴動が起きそうなレベルだわ。あなたも記者会見に立ち会ってね」

「わかった。久々にネクタイを締めなければならないな」

「こんな凄い事件に関われるなんて、記者冥利につきるわ。どう？　この際、私たちの子供にも『ルートヴィッヒ』って名付けることにしない？」

「まさか？　君？」

「そのまさかよ。今、４か月なのよ」

＊＊＊

ホーフブルク宮殿では、急ぎ記者会見の準備がなされている。

大変な事件の発表について、社主名でオーストリア政府に報告をしたところ、オーストリア連邦大統領、首相、ウィーン市長も臨席することとなったのだ。

サラは、急いで発表の原稿をまとめている。

「大丈夫かい、サラ？」

アレクサンダーが心配そうに問いかける。

「大丈夫よ。ピアノを弾くよりは易しいわ」

＊＊＊

21世紀のウィーンにもずいぶん慣れたベートーヴェンは、今日は一人で街歩きをしている。トーマスはこのところベートーヴェンの相手をしていたおかげで、積もりに積もった仕事をかかりっきりで片付けている。

「グリーヒェンバイスル」から、昼ごはんを終えて出てきたベートーヴェン。

あのシュニッツェルをもう一度食べたくなったらしい。

「うーん。やはりここのシュニッツェルはうまかった。それにしても、またこの店でサインをさせられるとは。まあ、メシ代をタダにしてくれたのだからヨシとするか」

　上機嫌なベートーヴェン。

　21世紀になってもケチな性格はケチなまま、である。

　改めて店の看板を見上げて、

「そうか、『愛しのオーガスチン』[*1]が初めて歌われたのがこの店だったのだな。

『♪いーとしのオーガスチン、オーガスチン、オーガスチン、なにも失くなったよ♪』か。

　オーガスチンよ。君は不滅のウィーンの象徴だったな。

　トーマスが教えてくれたこの21世紀に起きたという、新型コロナ・ウイルスのパンデミックでも、本当に必要なのは君の歌声と力だったのかもしれんな。

　いや、今からはワシがウィーンの不滅の象徴じゃ。

　なんといってもワシは未来によみがえったのだからな。

『♪金も尽きた、恋人も亡くなったよ、オーガスチン、なにも失くなったよ♪』

　待て！〈失くなった？〉本当にワシは、21世紀のウィーンにいるのか？　ワシはこの世に存在しているのか？　こうやって街を歩いている今だって、実感がない」

＊＊＊

　サラは緊張して、震える手で記者会見の原稿を読んでいる。

「……というわけで、先般から我が国のマス

レストラン「グリーヒェンバイスル」のエントランス。
「愛しのオーガスチン」がここで初めて歌われた、とある

コミとネット上を騒がしている人物は、私たちのよく知る歴史上の人物と同一であるということが証明されたわけです。

信じられない出来事が実際に起きているのです。この科学的な実証につきまして、こちらのシュヴァルツ博士から、お手元の資料に基づいてご説明させていただきます」

ほっとひと息ついて、椅子に腰かけるサラ。アレクサンダーは、その背中をポン、と叩いて、

「サラ、よく頑張った。あとは任せておけ」

立ち上がると、発言を始めるアレクサンダー。

＊＊＊

旧市街地をゆっくりと歩くベートーヴェン。

「第二次世界大戦では、この旧市街地のかなりの部分が破壊されたと聞く。しかしこの界隈は、まだワシの時代のものがかなり残っているではないか。パンデミック、戦争。ウィーンは何度打ちのめされようとも、それを乗り越え、永遠の命を得たいと願う我々の儚い望みを叶えてくれるのか？　おお！　ここも見覚えが

あるぞ。だが違う、なにかが違う」

＊＊＊

記者会見では大統領の発言が続いている。彼は、物理学者だった人物だ。

「……かのアインシュタインは時空連続体を折り曲げることによって時空の近道を作ることができると考えました。このいわゆるワームホールがなんらかの理由によって地球上に形成され、かの時代から我々の時代へ、偉大な天才を呼び寄せたのです……」

＊＊＊

ベートーヴェンのすぐそばを一人、二人と若者が無言で通り過ぎていく。その手にはスマホ、耳にはイヤホン。どの顔も俯いて、スマホを見たままだ。今やネットで有名人のはずのベートーヴェンの顔ですら、誰一人も気付かない。

「ワシは、未来の世界にもっと人間は賢くなると思っていた。戦争は絶え、人々は助け合って賢い社会を築くと思っていたのだ。

しかし21世紀の世界では、賢いフリをした人間はすぐにスマホを手にする。自分で考えることをしない、自分で思い出そうともしない。そして、SNSとやらがすべてのように、他人の評価ばかりを気にしている。それは見えるもの、聞こえるもの、感じるものの感覚を拒否しようとしていることと同じだ。

我々の身体は、この大気と通じている。地球の呼吸と一緒に生きているのだ。そう思えば我々の身体は決してちっぽけではない。少なくともスマホなどより何倍もの広い宇宙なのだ。そして自分の頭脳で考え抜けば、自らの身体に問いかければ、時間がかかるかもしれないが、いつかは素晴らしい答えを導き出すことができる。

人間は、なにもせずとも進化できる。その進化を望んでいるのか、その進化を感じられるか、それだけの話なのだ。五感を研ぎ澄ませ、そう、すべての器官が持つ感覚を目覚めさせるのだ。もっとも、聴覚を失ったワシは、他の感覚を研ぎ澄ますことしかできなかった。

確かに、ワシらの生きた時代は、人間同士がもっと醜く争っていたかもしれない。しかし、我々は神や自然への畏怖を忘れたことはない。自然を愛せない者が、自然や地球と一体になれぬ者が、どうして人間として生きてゆくことができるのか。どうしてこの時代の人々は、己の一部たる自然を破壊しようとするのか。なぜ、人間は自らの存在をわきまえず、この世の支配者のような顔をしたがるのか?」

あてもなく街を歩き続けるベートーヴェンは、とある広場に差しかかった。

「おお!　ここは……」

＊＊＊

記者会見では、まだウィーン市長の話が続いている。

「……我々の歴史を紐解いてみれば、このウィーン市に多大なる名誉と栄光をもたらしてくれたこの偉大な人物に、我々は最大の敬意を持って、その功績に報いるべく……」

アレクサンダーがサラにそっと話しかける。

「君は何回あくびを嚙み殺した?」

「4回よ?」

「オレは6回だ」

お互いクスッと笑うと、周りからジロっと睨まれてしまう二人。

＊＊＊

「ここは大学講堂[*2]ではないか！

あの日のことをワシは覚えているぞ。あの演奏会の歓声と熱狂は、ウィーンの気温を上昇させたのではないか？　と思えるほど熱かったぞ。

ウィーン中の音楽家がワシを助けてくれた。サリエリ[*3]先生、マイヤベーア、フンメル、シュポーア、ロンベルク、ドラゴネッティ。ウィーン中が、ワシの音楽に喝采を送った。目を瞑れば、今でもあの光景が浮かんでくる。素晴らしい瞬間だった。あの瞬間が恋しい。ああ！　いつまで経っても、人間とは自分の小さな成功を心の支えとして生きてゆくものなのだな。おかしな感覚だ。あれから200年だぞ！

おお、教会もまだ残っているのか」

ギイ〜！　音のする大きくて重い扉を開

旧大学講堂（現・科学アカデミー）

けると、ベートーヴェンは大学教会の中へとそろりと入ってゆく。

＊　＊　＊

長い記者会見もようやく終わりを告げた。

早々と席を立って、原稿を仕上げてしまおうと社に急ぐ記者たち。

あるいはその場に留まり、インターネット上に直接記事を配信するジャーナリストも懸命だ。

サラとアレクサンダーは、並んでテレビのインタビューを受けている。

政府関係者たちはベートーヴェンの居場所を確かめるべく、あちこちに手配を進めている。

＊　＊　＊

教会の中はひんやりとしている。初夏の陽気の中を歩いてきたベートーヴェンは、心地よい冷気に癒され、ほっと息をついている。教会には誰ひとりいない。静寂のみがここを包んでいる。

B·VIRGINIS·MARIÆ
DEO VICTORI TRIVMPHATORI OPT·MAX·TROPHÆVM HOC IN MEMORIAM
SS Q·IGNATII·ET FRANCISCI XAVERII FERDINANDVS·II·IMPERATOR·STATVIT·MDCXXVII
MAKE·A·WISH
大学教会

ベートーヴェンは跪いて独白を始める。

「やっと、この静寂に出会えた。神様、ありがとうございます。21世紀にはどこにでも音が溢れていますが、それは……雑音ばかり。その中からあなたにふさわしい音楽のための音を汲み上げるのは、いくら耳が聞こえるようになろうとも難しいことです。

神様、あなたはなぜ私を21世紀にお遣わしになったのでしょう？　確かにこの21世紀で過ごす日々は、私にとってかけがえのない日々となりました。また、私が生涯を捧げてきた音楽の価値を新たに認識することもできました。

そして、あのトーマスという若者。私の時代にさえいなかった、純粋で私のことを信じて尽くしてくれる者にお引き合わせくださり、誠にありがとうございました。時代が21世紀でなければ、きっと生涯の友となったことでしょう。

もし、私のわがままを聞いてくださるのでしたら、どうか私の身体を元の時代へ戻してください。私は、やはりこの時代にはふさわしくありません。私は、私の時代と、その時代の仲間と一緒であってこそ私であるのです。

耳が再び聞こえなくなろうと構いません。私は、私の身体の中からあなた様にふさわしい音楽の音を拾い上げてみせます」

教会の天窓から一条の光が差し込んでいる。
大学教会の中に――もう、人影はない。

ASSVMPTA
EST
MARIA
GAVDENT
ANGELI

エピローグ

トーマスは、ミューラー博士に命じられた仕事をてんやわんやでこなしていた。

「明日はベートーヴェン先生をザルツブルグに連れてゆく約束をしている。今日中にこのデータをすべて、パソコンに打ち込まなくては」

トーマスは、博物館の目録に、ベートーヴェンの作品が密かにひとつ増えたことにまだ気付いていない。

『~~キリーゼ~~テレーゼ[*4]のために』による変奏曲とフーガ

ルートヴィッヒ・ヴァン・ベートーヴェン作曲

我が生涯の友、トーマス・ニーダーマイヤーのために謹んで献呈する

言葉では語り尽くせぬ感謝をこの音楽に込めて

＊1　『愛しのオーガスチン』これはペストのパンデミックに見舞われたウィーンの次のような伝説を元にした民謡です。「バグパイプ吹きのオーガスチン（ドイツ語読みアウグスティン）は、愉快な歌を歌う吟遊詩人だった。あるとき恋人をペストで失ってしまう。それ以来オーガスチンは悲しい歌しか歌わなくなった。飲んだくれるようになったオーガスチンは、あるとき酔っ払って路上で寝ているときに、ペストで死んだと間違えられて死人とともに穴に放り込まれてしまう。翌朝、穴から這い出してきたオーガスチンは自分の不死身を信じ、再び愉快な歌を歌い出した」
この民謡のメロディは有名なので、おそらくどこかで聞いたことがあるでしょう。

＊2　旧大学講堂。現在はオーストリア科学アカデミー。

＊3　1813年12月8日に行われた慈善演奏会のこと。アントニオ・サリエリ Antonio Salieri（1750～1825）、ジャコモ・マイアベーア（作曲家）Giacomo Meyerbeer（1791～1864）、ヨハン・ネポムク・フンメル（作曲家）Johann Nepomuk Hummel（1778～1837）、ルイ・シュポーア（ヴァイオリンの名手、作曲家としても有名）Louis Spohr（1784～1859）、ベルンハルト・ロンベルク（チェロの名手）Bernhard Heinrich Romberg（1767～1841）、ドメニコ・ドラゴネッティ（コントラバスの名手）Domenico Carlo Maria Dragonetti（1763～1846）ら、当時のウィーンを代表する音楽家たちが集結して演奏会を開きました。この演奏会で交響曲第7番、『ウェリントンの勝利』が初演。特に後者は、ベートーヴェンの生前最大の成功を収めました。

＊4　詳しくは第1章＊8を参考にしてください。

そんなわけで、ベートーヴェンの葬儀のときにその頭は少し「虎刈り」になっていたと想像されますし、ベートーヴェンの毛髪は21世紀になった今でもいくつか残っています。

ベートーヴェンの遺髪には、数奇な運命を辿ったものもあります。作曲家フェルディナンド・ヒラーが受け取った遺髪は、現在、米国カリフォルニアのサンノゼ州立大学内にあるベートーヴェン研究センターに寄贈され、その一部は化学分析にかけられました。すると健常者のおよそ90倍もの鉛が検出されたのです。

ベートーヴェンが生前訴えていた腹部の不調などは、鉛中毒と考えると見事に説明のつくものです。この先は推測ですが、重金属中毒が一般的に知られていなかったベートーヴェンの時代には、酢酸鉛がまだワインの甘味を増すものとして一般に添加されていたらしく、鉛中毒はそのワインによるものでは？　とも言われています。

このベートーヴェンの遺髪をめぐる物語は書籍[*2]になっていますので、ご一読をおすすめします。

近年でも2019年に、ベートーヴェンの毛髪はサザビーズでオークションにかけられ、約480万円で落札されています。

＊1　『ベートーヴェン　―偉大な創造の生涯―』
H.C.ロビンズ・ランドン　深沢俊・訳（新時代社 1970）
＊2　『ベートーヴェンの遺髪』
ラッセル・マーティン　高儀進・訳（白水社 2001）

コラム 15 ベートーヴェンの毛髪の謎

1827年3月26日、ベートーヴェンが亡くなり、3月29日に行われた葬儀までの間、弔問客を迎え入れるためにベートーヴェンの遺体は、最後となった住居にそのまま残されました。

（住所：Schwarzspanierstraße 15, 1090 Wien）

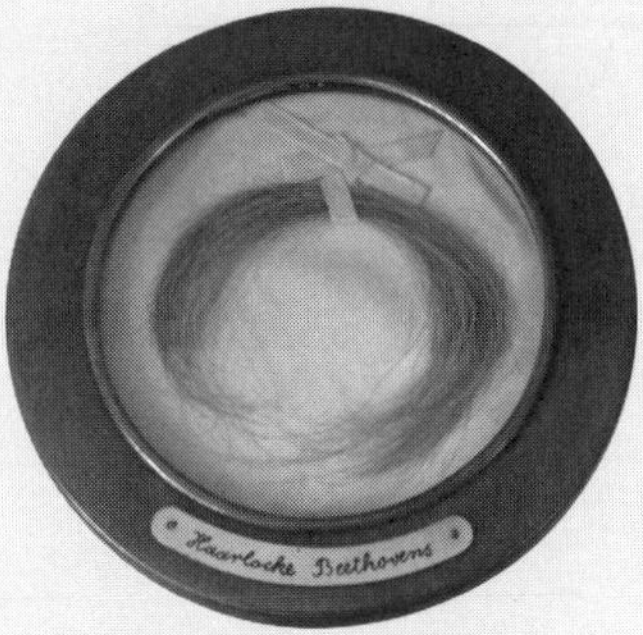

ベートーヴェンの遺髪

ベートーヴェンの最後の住居があった場所に架かる銘板

ベートーヴェンの傍らに常についていたのは、一人の下男。弔問客はその下男にそっとお金を握らせ、記念にベートーヴェンの毛髪[*1]を切り取って持ち帰ったのです。またベートーヴェンの耳は、その聴覚喪失の原因を探るために解剖されました。

あとがき　ちょっと昔のウィーンの思い出話

♪ウィーンに住む

1989年、ブカレスト音楽大学のコントラバス科を卒業した私は、車に家財道具一切合切を積み込んで、こんどはウィーン音大の指揮科に入るために、ほとんど高速道路のない1100㎞の道のりを運転してウィーンを目指しました。

楽天トラベルもエクスペディアもなかった当時、宿を探すのに役に立ったのはツーリスト・インフォメーションだけ。そこで探したホテルはウィーンで一番安いホテルで、部屋にはベッドと洗面台があるだけ。そこから大学生協に通って下宿を探しました。

見つかった下宿先は、シェーンブルン宮殿の正門からから少し坂を上がった場所にある会社の事務所の上の階。女性の社長さんが家主で、学生向けに会社の空き部屋をアパートに改装して貸し出していました。

ウィーンに住むにあたって最初の難関は、ドイツ語で家賃契約書を読まなければならないことでした。オーストリアの法律はとても細かく決められており、項目も非常に多いのです。ドイツ語がほとんどできなかったあの頃を思えば、かなり無謀なことをやったと思います。そういえばいつもシェパードを連れていた社長さん、しょっちゅう噛まれて怪我をしていたけれど、今も元気で暮らしているのでしょうか？　最近たまたま近くを通りかかったら、この場所は建物ごと空き家になっていました。

♪　ウィーンを歩く

ウィーンは基本的に公共交通機関と歩きだけで、ほぼすべての目的地に不自由なく行くことができます。公共交通機関は混雑時にも日本のラッシュアワーのような「激混み」にはほぼならず、快適に移動することができます。ウィーンが住みやすい街といわれる理由のひとつがこのきめ細やかな公共交通機関にあります。

私がウィーンに住み始めた頃は今[*1]より地下鉄路線が少なく、住んでいたウィーン15区からは市電52番路線が、マリアヒルファー通りを通って王宮のそばまで直通で運転されていました。バスから地下鉄へと乗り継げばずっと早く街の中心まで行けるのですが、この30分かかるのんびりした行程が好きで、時間に余裕があるときは車窓の景色を楽しみながら通学しました。

ずっと後で知ったことですが、この道のりはかつての皇帝の通勤ルートでもありました。夏の離宮、シェーンブルン宮殿から執務をこなす王宮まで、皇帝はなにを思いながらその街並みを見つめていたのでしょう？　またマリアヒルファー通りはオーストリアが戦争に勝利を収めた際の凱旋パレードにも使われました。

旧市街地に着けばバスもありますが、歩いて回るほうが便利です。

昔は城壁の中だった旧市街地を歩くことは、ウィーンの新しい住人にとっては、ちょっとした探検でした。街角のいたる所に史跡を示す旗が立ち（P26参照）、その史跡の意味を説明してくれる銘板もさまざまな建物に埋まっています。ドイツ語がさほど読めなくても、ベートーヴェン、モーツァルト、シューベルト、ブラームス、シュトラウスといった音楽ファンなら馴染みの名前をそこに見つけることができるのです。

ケルントナー通り[*2]を一本横道に入れば、人通りもぐっと少なくなり、第二次世界大戦の爆撃の難を逃れた古い街並みに出会えます。「あの角を曲がればフロックコートを来たベートーヴェンが歩いているのでは?」

古い街角に立てば巨匠が生きていたときの息遣いが残っているような錯覚さえ覚えるのです。この感覚がこの本のアイディアの原点です。

♪ ウィーンの森へ

旧市街地から西へと走る市電や地下鉄を終点まで乗ると、大抵ウィーンの森の入り口にたどり着きます。ウィーンの市街地から緑あふれる森へ、かかっても1時間くらいで行けるのもこの街の魅力でしょう。

そしてその市電の終点の近辺は大抵ホイリゲのメッカ(P50参照)でもあります。市電38号線の終点はウィーン随一のホイリゲのメッカ、グリンツィング。ウィーンに移住した当初のオーストリアはお酒を飲んで運転するのに寛容で、夜になるとこの界隈はホイリゲの客の車が路上一杯駐車されていたのに驚きました(オーストリアは条件付きですが、路上駐車が可能です)。

そういえば、私がウィーンで指揮を習った先生の一人、日本語も堪能だったS先生も、授業前に3杯、授業後に3杯ワインを飲んで、運転して帰っていました。話をするときの手はいつも震えっぱなしでしたが、指揮棒を持つとピタッと止まるのが不思議でした。

話が脱線しましたが、このグリンツィングは、Ｐ48のベートーヴェン・ミュージアムから10分ほど歩いた場所です。ベートーヴェンは幾夏もこの周辺に住み、数軒の住んだ場所がわかっています。

その中のひとつ、「田園交響曲」を作曲したと言われる家の隣もホイリゲです（写真）。筆者が大好きで何回も通った店ですが、その店の親父の口癖が「ベートーヴェンはうちにしょっちゅう飲みに来ていたんじゃ！」

私が指揮を始めたころ、20世紀の終わり頃まではヨーロッパではこんなことを言う人、多かったんですよ。オーケストラの古参団員の中には「ブルックナーはこう言ったんじゃ！」なんて言う人もいましたし。確かに巨匠がそこにいた歴史があり、脈々と受け継がれている伝統があるからこそ言えることではあります。でも最近はそんなことを言う、お年を召した方々は見かけません。なんだかさびしいなあ。

ホイリゲ街から坂を登ってゆくとワインヤードも連なっていますが（Ｐ56参照）、だんだん森を抜ける山道になってゆきます。ちょうどいいハイキングコースです。ウィーンの最高峰・カーレンベルク（Ｐ15参照）でさえ、標高484ｍなので東京の高尾山登山より楽なはずです（山頂までのバスもあり、第一

手前がホイリゲ、奥が「田園交響曲」作曲の家

次世界大戦が終わるころまでは登山電車もありました）。

カーレンベルクの頂の上からはドナウ河、ウィーンの市街地をさえぎるものなく見渡すことができます。17世紀にウィーンを包囲したトルコ軍を迎え撃つため、キリスト教徒軍がここに陣を敷いたというのも納得のゆく話です。

♪ 馴染み客になる

ウィーンにも世界中で見られるブランドのチェーン店が増えた一方、昔気質の店も頑張っています。そんな店にこそ「ウィーンらしさ」が感じられるのです。私の学生時代から同じ店主さんがかくしゃくと頑張っている、オペラ座に程近い紳士衣料店では、私の背格好を見ただけでぴったりのサイズの蝶ネクタイやシャツを出してくれます。私のコンサートの燕尾服のシャツやアクセサリー、蝶ネクタイなどはほとんどがこの店で買ったものです。あるときは左手をカウンターに乗せただけで、ぴったりの手袋を出してくれたなあ。

日本でも馴染みが深かった名マエストロ、オトマール・スイトナー（Otomar Suitner　１９２２～２０１０）行きつけの料理店（ウィーン２区）のグーラシュ（P１１２参照）は絶品で、何回か通ったことがあります。

この店、12時5分前になると誰もいないテーブルに飲み物がふたつ運ばれてきます。12時ぴったりに店のドアが開き、老夫婦が飲み物の運ばれたテーブルにつき、注文もしないのに運ばれてきた食事を食べ、そして帰ってゆきます。ここまでゆくと生粋のシュタムガスト（Stammgast）ですね。日本語では常連客と訳すのでしょうが、ドイツ語の「シュタムガスト」という言葉には、常連となった客と店との精神的なつながりさえ感じるのです。この店もなくなって、もう20年近く経ってしまいました。

ウィーンらしさを感じさせてくれるお店たち。グローバリズムの波に負けず、頑張って欲しいのです。

♪ ウィーンの土地柄

ウィーンは地理的に見てアルプスの丘陵地が終わる場所にあり、そこからハンガリーに向けて広がる大平原の西の端に位置します。

つまりお日様が昇ってくる方向にはさえぎるものがなく、日のめぐりははっきりと朝の訪れを告げます。また、西側の山脈は、西から横断してくる天気の変化を和らげてくれるような気もするのです。そんな場所の地勢がローマ時代から人々を惹きつけてきたのでしょう。

　私もヨーロッパに渡るたび、ウィーンに寄り道をしたくなります。それはただ単に筆者が指揮者として、「身近に迫ったコンサートのプログラムに、ベートーヴェンの作品があるからお墓参りをしてゆこう」というような気持ちだけではなく、単純にウィーンという土地を踏みしめたい、という気持ちもあるのです。

　初めての方も何回も足を運ばれた方も、次回ウィーンを訪れるときにはこの街の新たな魅力、思い出を感じられることでしょう。そんな皆様のお手伝いがこの本でちょっとでもできればと思います。

東側を飛ぶ飛行機からウィーンを望む

この本は単なるウィーンガイドとして執筆する予定でしたが、編集担当の水木英さんの発案で、まさかの小説仕立てになりました。筆者にとっての小説処女作を世に出すにあたり、ご尽力くださった水木さん、どうもありがとうございます。また快く拙著をご推薦くださった、日墺文化協会の皆様にもこの場を借りて御礼申し上げます。

２０２１年９月　武蔵野の自宅にて

曽我大介

＊１　ウィーンの地下鉄は筆者がウィーンに移住した１９８９年の時点ではＵ１、Ｕ２、Ｕ４の三路線のみでした。それがＵ６、Ｕ３と次々営業を開始し、既存の路線も延長され、Ｕ５の建設も着手されています。のんびり路線の拡充が図られるのもウィーンらしさ、です。また、市電の52号、58号線はその一部が地下鉄Ｕ３に置き換えられました。

＊２　ケルントナー通りは、国立歌劇場の付近からシュテファン広場を結ぶウィーン随一の目抜き通り。朝一番を除きその大部分が歩行者天国で、さまざまなレストラン、カフェ、店が立ち並びます。

参考文献

『音楽都市ウィーン　―その黄金期の光と影』
A.M.ハンスン　喜多尾道冬、稲垣孝博・共訳（音楽之友社 1988）

『ウィーン音楽文化史（上）』渡辺護（音楽之友社 1989）

『オーストリアワインガイドブック』田中克幸・岩城ゆかり（美術出版社 2005）

『ウィーンとオーストリアを知るための57章【第2版】』
今井顕、広瀬佳一・編（赤石書店 2011）

『不思議なウィーン　街を読み解く100のこと』河野純一（平凡社 2016）

『図説　ハプスブルク帝国』加藤雅彦（河出書房出版 1995）

『ベートーヴェン　―偉大な創造の生涯―』
H.C.ロビンズ・ランドン　深沢俊・訳（新時代社 1970）

『ベートーヴェン　書簡選集上』小松雄一郎・訳編（音楽之友社 1978）

『ベートーヴェン　書簡選集下』小松雄一郎・訳編（音楽之友社 1979）

『ベートーヴェン遺髪』ラッセル・マーティン　高儀進・訳（白水社 2001）

新訳『ベートーヴェンの日記』沼屋譲・訳・補注（近代文藝社 2009）

『ベートーヴェンの真実　遺髪に隠された謎を追う』
ラッセル・マーティン、リディア・ニブリー　児玉敦子・訳（PHP 2012）

『ベートーヴェン像再構築1, 2, 3』大崎滋生（春秋社 2019）

『ベートーヴェン（作曲家・人と作品シリーズ）』平野昭（音楽之友社 2012）

『ベートーヴェン・ミュージアムBEETHOVEN MUSEUM』（Wien Museum 2019）

『《第九》虎の巻-歌う人、弾く人、聞く人のためのガイドブック』曽我大介（音楽之友社 2013）

『ベートーヴェンのトリセツ　―指揮者が読み解く天才のスゴさ―』
曽我大介（音楽之友社 2021）

"Ludwig van Studien" Ignaz Ritter Seyfried (Schuberth & Comp. Leipzig, Hamburg u. Newyork, 1853)

"Beethoven Impressions By His Contemboraries" O. G. Sonneck（編）(Schirmer Inc, 1926)

"Beethoven Stätten in Österreich" Rudolf Klein (Verlag Elisabeth Lafite, Wien 1970)

"Wiener Musiker Gedenkstätten" Hermut Kretschmer (Edition Wien 1992)

"Musikalischer Reiseführer Österreich" Ed Tervooren (Atlantis Musikbuch-Verlag 1997)

"Klassische Österreichische Küche" Franz Maier-Bruck (Seehamer GmbH Weyarn 2003)

曽我大介
そがだいすけ

1965年、東京生まれ。指揮者、作曲家。桐朋音大でコントラバスを専攻後、ルーマニア音大を首席で卒業。ウィーン国立音大に移って、指揮法を学ぶ。以降16年間、ウィーンを拠点に活動する。B・ハイティンク、G・シノーポリ、小澤征爾らに師事。93年、ブザンソン国際指揮者コンクール優勝、98年にはキリル・コンドラシン国際コンクールでも優勝。日本はもとより世界各地の著名オーケストラと共演を続けている。作曲家としての活動も盛んで、その作品は日本のほか、アメリカ、イタリア、ルーマニアなど、各国で喝采を浴びている。現・東京ニューシティ管弦楽団正指揮者。令和３年度外務大臣表彰受賞。著書に『聴きたい曲が見つかる！ クラシック入門 ～毎日が満たされるシーン別名曲』（技術評論社）『ベートーヴェンのトリセツ ―指揮者が読み解く天才のスゴさ』（音楽之友社）などがある。

本文撮影　曽我大介（p90クライスラー、p174〜175を除く）
ブックデザイン　轡田昭彦＋坪井朋子
装画・挿絵　谷山彩子

ベートーヴェン、21世紀のウィーンを歩く。

著者　曽我大介
発行日　2021年12月8日　第1刷発行
発行人　安藤拓朗
発行所　株式会社 集英社
〒101-8050 東京都千代田区一ツ橋2-5-10
電話　編集部 03-3230-6205
読者係 03-3230-6080
販売部 03-3230-6393（書店専用）
印刷所　凸版印刷株式会社
製本所　株式会社ブックアート

ISBN 978-4-08-790059-0 C0073